お金持ちのための モメる相続 モメない相続

エクラコンサルティング
代表税理士
田中 誠

実務教育出版

お金持ちのための
モメる相続
モメない相続

はじめに　なぜ、相続は「モメる」のか

「親父が遺したあの土地とマンションは、俺のだからな！」
「長男だからって、勝手に決めないでよ！」
「お母さんの面倒は私が見たんだから、実家は私が住むのよ！」
「何言ってるんだ、働いてもいなかったくせに！」

税理士として相続を多く扱う私のもとには、日々このような相続問題を抱えた方々からの相談が、ひっきりなしに舞い込みます。

平成27年に相続税法が改正され、基礎控除額が4割も縮小されてから3年がたち、相続件数の増加とともに、遺族同士でモメる「争族」の数も年々増えていると感じます。

一昨年の11月に出版した「お金持ちのための最強の相続」において、財産を残すための相続についてお話ししましたが、「財産が残っても、モメてしまっては意味がない」

と改めて考えるようになり、今回のような本が必要だと確信するに至りました。

相続では、大きく分けて2つのことを考える必要があります。
まず最初に考えるべきことは、「遺産の分け方」です。

遺産を相続する側の相続人はどれだけいるのか？
被相続人が残す遺産はどれくらいあるのか？
その遺産を誰にどれくらい分けるのか？

被相続人の遺産は、相続人全員の合意を前提として、実は自由に分けることができます。しかし、民法で「法定相続分（分け方の目安）」が決められていることから、もらえる分が法律上決まってしまっていると勘違いしてしまう人もいて、分け方については争いのタネになりがちです。

遺産の分け方については、配偶者や子どもの将来のことも考える必要がありますし、世話をしてくれた身内に感謝を表したいということもあるでしょう。そのための配慮をどのように「分け方」で表すかで、さまざまな選択肢が生まれてくるのです。

次に考えるべきことは、「税金」です。

遺産を引き継ぐことになれば、その遺産には相続税という「税金」が課されます。もちろん、遺産は現金だけではありません。田畑やビル、駐車場などの不動産や、株式といった換金が難しいものもあります。しかし、相続税は原則として現金で納付しなければならず、しかも納付期限まであります。

そのため、遺産を引き継いでも現金化するめどが立たず、期限内に相続税が納付できずに追徴課税されてしまう問題も増えてきています。

不動産を取り扱うには不動産の専門的な知識・経験が必要ですし、株式を取り扱うためには、会社のしくみに関する法律知識や、会社・不動産を評価するための正しい知識や経験が不可欠です。

また、どうすれば納税資金を確保し、正しく納税できるのか、それらのノウハウも必要になります。そうしたことを考える中で、さまざまな選択肢が生まれてきます。

選択肢の中には、どう考えても相続人が不利になるような選択肢も含まれています。相続を「ネタ」に、ビジネスで儲けようと考える人たちが群がってくるからです。

そのような人に引っかからないよう、「自分たちにとって本当にメリットのある選択肢」を見つけ出す必要があります。選択肢はさまざまです。だからこそ、その選択肢を選んだ時にどのような結果が訪れるのかということを、知る必要があるのです。

本書では、そのことを実話に基づいた4つのストーリーと13のケースでご紹介しています。3つの選択肢のうちどれを選ぶのかが、あなたの人生における「分かれ道」になります。さまざまな選択肢を検討する中で、自分なりの最善の答えにたどり着いていただくことができたら、著者としてこれほど嬉しいことはありません。

税理士法人エクラコンサルティング代表
税理士　田中誠

目次

STORY❷ アパート建築・不動産法人の分かれ道

ケース③ 不動産業を営む地主が節税を考える 90

STORY 3 事業承継の分かれ道

STORY 4 遺言書の分かれ道

本書では計算を簡略化するため、自宅不動産は土地のみを考慮して計算しています。

STORY 1

遺産分割の分かれ道

ケース1

自宅しかない遺産を分ける

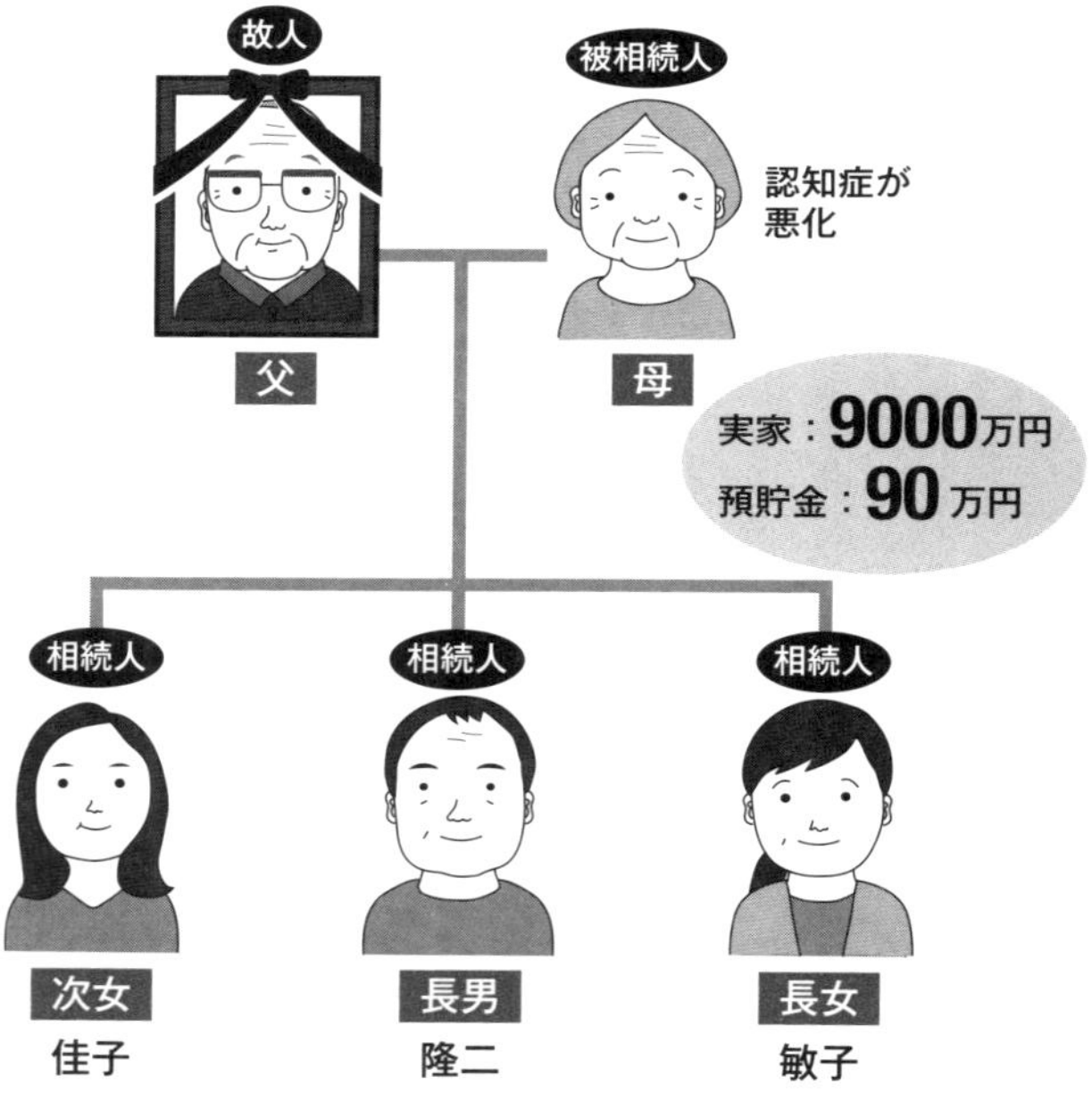

阿部家の相続事情

父が亡くなり、一次相続が発生した時には、母親が住んでいた自宅を相続。父親の預金などを子どもに遺産分割しました。母親が亡くなる二次相続では、唯一の資産である評価額9000万円の自宅をどのように分割するかが問題になっています。

**2016年（平成28年）
相続財産金額
構成比（国税庁）**

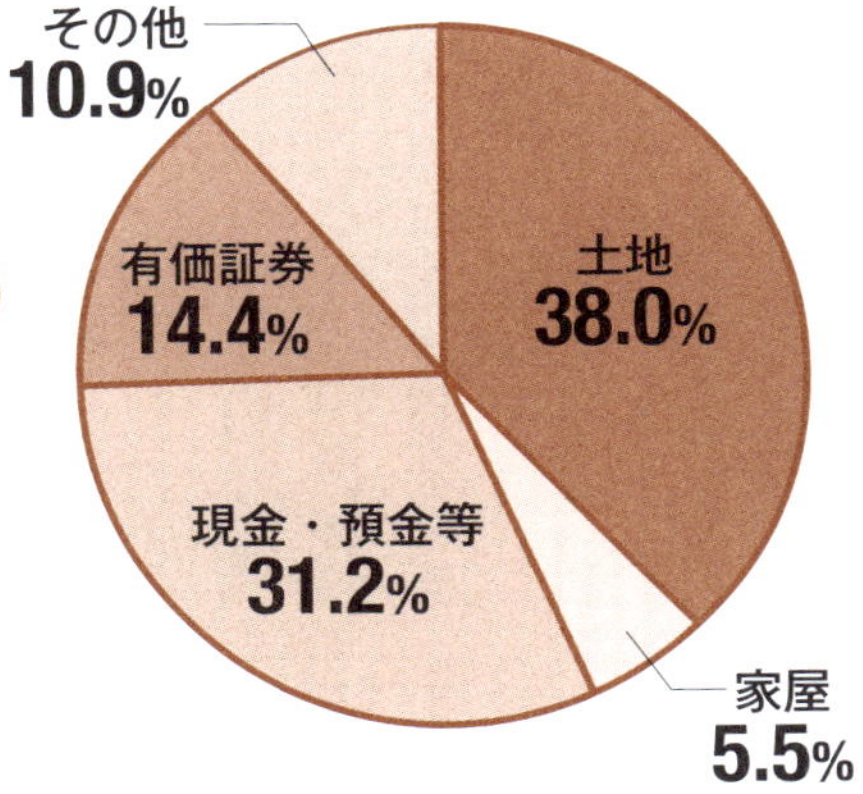

親（被相続人）の遺産（相続財産）が自宅（不動産）しかないという人は、わりと多くいます。

2016年の国税庁の調査では、相続財産のうち、43・5％は土地と家屋といった不動産が占めています。不動産の多くは自宅ですが、相続人が複数いる場合には、相続争いが起きやすいものです。

これから紹介するお話も、不動産の分け方をめぐる相続事例になります。

55歳の阿部敏子さんは、長男・隆二さんと次女・佳子さんの3人兄弟の長女。85歳の母親と現在、都内の母親名義の実家で暮らしています。父親はすでに他界しています。

結婚して独立し、それぞれに子どもがいる弟と妹は、賃貸マンションに住んでいます。独身の敏子さんは、実家で父親を看取り、現在は仕事を辞めて母親の介護をしながら、母親の年金収入で暮らしています。

最近は母親の認知症も悪化してきていて、相続のことを考えざるをえない状況になってきました。

そこで母親の財産を調べたところ、預貯金は100万円ぐらい。あとは実家の一戸建てがあるだけです。税理士に実家を評価してもらうと、**相続税評価**額は9000万円になることがわかりました。

相続税が課税される可能性もあったのですが、実家には敏子さんが引き続き住む予定なので、**特定居住用宅地等の特例**も受けられることがわかり、最終的に課税されないことがわかりました。

そこで、今後、三人でどのように母親の遺産を分けるべきか、敏子さんは次のような選択肢を考えました。

あなたなら、どの方法を選びますか?

方法1
生命保険で遺産の不足分を補てんする
18ページへ

方法2
母親に遺言書を書いてもらう
20ページへ

方法3
話し合いで遺産を分ける
22ページへ

方法1 生命保険で遺産の不足分を補てんする

敏子さんが取った方法は「母親に遺言書を書いてもらう」ことでした。

母親の希望は、長女である敏子さんが、今まで自分の面倒を見てくれたお礼として実家を引き継ぐこと。敏子さんは常日頃から弟妹に言い含めていましたが、自分が亡くなった後にすんなり同意してくれるかどうか、不安でした。

ある日「遺言書を作成すれば、故人の遺志が尊重される」ことを知った母親は、そのことを敏子さんに伝え、自分の調子の良いときに公証役場に出向き、公正証書遺言を作成しました。

しかし、実家を敏子さんに遺贈すると、弟や妹の遺留分を侵してしまうことになります。そのときに現金がなければ、遺留分減殺請求をされたとき、遺留分を補うための代償金を支払うことができなくなります。

そこで、母親は新たに死亡保険に加入し、**代償金**を作ることにしました。

自宅の評価額は9000万円のため、弟妹の遺留分は二人合わせて3000万円。

やや高めの保険料でしたが、何とか年金や貯金で払い続けることができました。
母親が亡くなり相続がスタートすると、敏子さんは、弟妹に遺言の内容を伝えました。母親の気持ちが伝わり、遺留分相当である代償金3000万円は死亡保険金で支払われることも伝えられ、弟妹間で争いが起きることもありませんでした。現在、敏子さんは、そのまま実家に住み続けています。

選択結果

上策

公正証書遺言によって、自宅にそのまま住み続ける敏子さんが、9000万円の自宅を相続する。弟と妹の遺留分相当額を1500万円ずつ、死亡保険金から支払う。自宅は小規模宅地等の特例を活用することで、相続税は課税されない。死亡保険金は相続税の課税対象だが、基礎控除内なので税金は課税されない。

方法2　母親に遺言書を書いてもらう

敏子さんが取った選択肢は、「遺言書を作る」ことでした。

遺言書を作っておくことの大切さは、新聞やテレビなどでも盛んに報道されており、「相続争いを起こさないためにも、遺言書を作っておいた方がいいかな」という気持ちになっていたのです。

まだ母親が健康だった頃、「隆二は何もしないし、父や私の面倒を見てくれているのは敏子だから、私が死んだら、この家は敏子が継ぎなさい」と言ってくれていたので、「母親が亡くなったら、実家は敏子さんが相続する」という、**公正証書遺言**を**公証役場**で作ることにしました。敏子さんはこの遺言書の中身を知っていましたが、弟妹は中身どころか、作ったことすら知りませんでした。

そんな時に母親が亡くなり、相続がスタートしました。葬儀も無事終わり、「あとは遺言書通りに遺産分割を行うだけ」と胸をなでおろしていた矢先、思いがけず「待った」がかかってしまったのです。

弟の隆二さんと妹の佳子さんから、**遺留分減殺請求**がきてしまったのでした。母の相続財産である自宅の評価額9000万円のうち、2人の遺留分である2／6、つまり3000万円は自分たちが相続する権利があるというのです。

これに驚いてしまった敏子さん。もちろん、敏子さんは3000万円という大金など持っていません。そこで、敏子さんは泣く泣く自宅を売却し、売却金額の中から、3000万円を弟妹に支払うことになりました。

選択結果

中策

敏子さんはいったん自宅を相続し、1億2000万円で売却し、弟と妹に1500万円ずつ代償金を支払った。譲渡所得税は居住用不動産の3000万円控除を受けてもかかったが、相続税は、特定居住用宅地の特例で80％評価減され、課税はなかった。

方法3 話し合いで遺産を分ける

敏子さんが取った選択肢は、「特に何もしない」でした。

まだ健康だった頃の母親は、「隆二は何もしないし、父や私の面倒を見てくれているのは敏子だから、私が死んだらこの家は敏子が継ぎなさい」と話してくれていたので、自分が家を継ぐものと思っていたのです。

そんな時に母親が亡くなり、相続が始まりました。葬儀代は、母親が残していた少ない預貯金と、足りない分は、敏子さんが退職金の残りを使って捻出しました。

四十九日の法要が終わった後、敏子さんは遺産について弟妹と話す機会を設け、弟妹に母親の遺志、つまり敏子さんが実家を譲り受けることを兄妹に伝えました。ところが、これに反対したのが弟と妹です。

敏子さんが母親の年金で暮らしていたことを知っていた弟と妹は、「実家までもらうのは、もらい過ぎだろう」というのです。

納得できないのは敏子さんです。敏子さんは、「あなたたちが父親や母親の面倒を見ずにすんだのは、誰のおかげ？」と強く主張しました。ところが、弟も妹も頑として譲りません。一方の敏子さんも、母親の遺言書がないため、合法的に自宅を引き継ぐことができません。納得のいかない敏子さんは、弁護士に相談することにしました。

弁護士から「遺言書がない中で裁判をしても、法定相続通りに分けられる判決しか出ませんよ」とアドバイスされた敏子さんは、実家を売り、**法定相続分**で分けることにしました。

遺産分割後、敏子さんは実家を出て賃貸アパートへ。両親の介護で仕事を辞めざるを得なかったため、貯蓄があまりできていなかった敏子さん。今後も家賃を支払い続けないとならず、新たに就職活動をしていますが、不安にさいなまれる毎日です。

選択結果 下策

弟妹の反対により敏子さんは住み慣れた実家を売り、3人で遺産分割。子ども3人で相続人1人3000万円の遺産を手にしたが、そのうち160万円を相続税として納税することになった。

ケース1のまとめ

「めぼしい遺産が自宅しかない」というケースは、よくあることだと思います。相続人が複数存在していると、「誰が自宅を継ぐか」ということが大きな問題になります。被相続人である親が遺産分割について自分の意思を何も伝えていなければ、相続人が集まって遺産分割協議を行います。分け方が決まらなければ、未分割となります。

遺産が自宅しかないとなると、モメる可能性が高まります。自宅を売って換価分割するか、「代償分割」、つまり代償金を用意して相続人に配分する必要があります。自宅を売ることになれば、小規模宅地等の特例が活用できなくなることもあるため、場所によっては大きな相続税が課税されるどころか、自宅に住んでいる人は、住む家も追われることになってしまいます。

ですから、被相続人が、生前にきちんと相続の方向性を決めること。そして、自宅を相続できない人には生命保険や貯金などで代償金を用意することが、相続における上策となります。

メモ欄

ケース2

共有になっている自宅を相続する

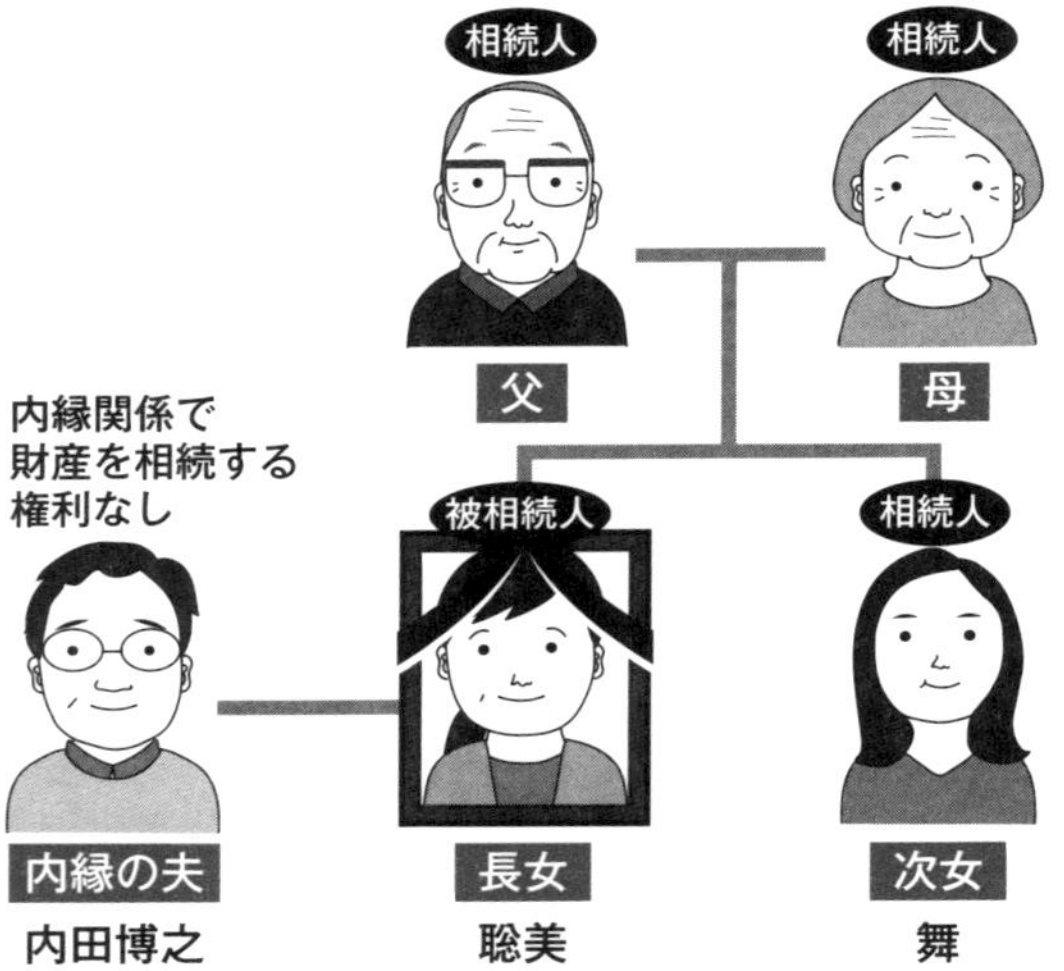

都内に自宅（土地建物）：**9000**万円
聡美さんの持分90%、内田さんの持分10%
預貯金：**1000**万円

福田家の相続事情

長女の聡美さんは都内に自宅を持っており、自宅は内縁の夫と共有状態。聡美さんには、子どもがおらず、内縁関係だと、夫には聡美さんの遺産を相続する権利はありません。このため、聡美さんの親が聡美さんの財産を相続することになります。

遺産分割において不動産が相続財産の場合、注意しなければならないことがあります。それは、「所有権が共有になってしまうこと」です。

特に自宅の場合、住宅ローンで購入する時に、夫婦共有で登記を行なうケースも少なくないでしょう。しかしながら、不動産が共有状態である場合は、遺産分割をするときに、さまざまな問題が起きがちです。

遺産が自宅だけの場合は、そもそも分けにくいという問題があります。また、被相続人に子どもがなく、親が存命だった場合、被相続人の親と被相続人の配偶者の間で、相続争いが起きる場合も少なくありません。

今回ご紹介するケースは、自宅がパートナー同士で共有になっているケースです。どのように分けるべきかを考えながら、読み進めると解決方法が見出せます。

福田聡美さんは、20年以上、私立高校の教師として活躍していました。

しかし、通勤中に突然亡くなってしまったのです。心筋梗塞でした。享年45歳。同僚を始め、多くの人が嘆き悲しみました。若くして突然亡くなってしまったため、もちろん、遺言書などありません。

聡美さんは若くして亡くなってしまったため、両親はお二人とも健在でした。

聡美さんの妹である舞さんは、聡美さんの葬儀が終わった後、次のように両親に相談をしました。

「姉さんの自宅、どうするの？」

聡美さんは、父親の反対で入籍はしていませんでしたが、内縁の夫、内田博之さんと一緒に暮らしていました。二人には、子どもはいませんでした。

聡美さんは自分で都内に一戸建てを購入しており、内縁の夫である内田さんの持分が10％、聡美さんの持分が90％。物件の評価が９０００万円でした。預貯金は現金で１０００万円です。そんな中、相続がスタートしたのです。

相続人である聡美さんの両親には、三つの選択肢がありました。

あなたなら、どの方法を選びますか？

方法1
親が相続するのを止める
30ページへ

方法2
家の権利を買い取る
32ページへ

方法3
一緒に家を持つ
34ページへ

方法1 親が相続するのを止める

聡美さんの父親は相続放棄を選択しました。

長年、内田さんとの結婚を反対していた父親も、その年の聡美さんの誕生日に二人の結婚を許そうと考えていました。しかし、聡美さんが急死してしまったのです。

「もっと早く、聡美の申し出を私が許していれば、こんなことにならなかったかもしれない……」

生前、聡美さんが戸建てを購入した時、「私に何かあったときは、内縁の夫に住んでもらいたい」と言っていたことから、父親も聡美さんの意思を尊重することになりました。どうすれば、聡美さんの意思を実現できるのか？ 内縁の夫である内田博之さんには、聡美さんの財産を相続する権利がありません。そこで知り合いを通じて、相続に詳しい税理士に相談しました。

その税理士が事情を聞き、聡美さんの両親と一緒に考えて出した答えが、「**相続放棄**」でした。

相続がスタートしてから3カ月以内であれば、相続を放棄することができます。この場合に第二順位相続人である両親が相続放棄を行うと、相続順位が第三順位となる妹の相続放棄も必要になります。法律で決められた相続人が全員、相続放棄すれば、特別縁故者である内田さんに、聡美さんのすべての遺産が相続されることになります。遺言書こそないものの、聡美さんの意思が尊重されることになり、内田さんは、これまで通りに自宅に住み続けることができました。

選択結果

上策

法定相続人がすべて相続放棄。内縁の夫である内田さんが、特別縁故者として自宅を相続する。特別縁故者の相続税は、2割加算される。自宅は評価減の特例が活用できないため、762万円の相続税がかかる。

方法2 家の権利を買い取る

結婚を反対し続けた聡美さんの父親は、内田さんにあまりいい感情を抱いていませんでした。「自分の娘を奪われた」という思いから、相続が始まっても、その思いが強く、娘の財産を内田さんに渡したくないと考えていたのです。

遺言書もなかったので、父親は内田さんと遺産分割協議を行い、「内田さんの**共有持分**を買い取りたい」と提案しました。

正式に籍を入れて結婚していれば別ですが、二人が内縁関係にある場合、亡くなった相手の相続分をもらう権利はありません。法定相続分がないということは遺留分もないため、内縁の夫に分ける遺産を考える必要もないのです。

このケースのように、内縁の夫との所有権を共有する土地や建物がある場合には、共有持分を買い取るなどの精算をしなければいけません。

聡美さんの両親には現金がありませんでしたが、幸い、聡美さんが遺してくれた1000万円がありました。そこで、内田さんに対し、内田さんの持分を900万円で買い取る提案をしたのです。

内田さんは、最初、その提案を拒否しました。聡美さんとの思い出の場所を取られてしまうばかりか、自分の住む家までなくなってしまうからです。しかし、その場合は聡美さんの共有持分を買い取る必要があります。しかし内田さんは、そんなお金は持ち合わせていません。結局、内田さんは泣く泣く自分の共有持分を聡美さんの両親に買い取ってもらうことになりました。

聡美さんとの思い出の家もなくなり、自分の住む家も追われ、内田さんはとても寂しい思いをしています。

選択結果
下策

相続人である聡美さんの両親が自宅を相続。両親は別に住まいを持っているため、小規模宅地等の特例を活用できず、両親二人で634万円の相続税が課税される。聡美さんの預貯金は、内田さんに支払ったため、他に納税資金を用意する必要性が出てくる。内縁の夫である内田さんは900万円を手にするが、住まいを追われることになる。

方法3　一緒に家を持つ

聡美さんの父親は、内田さんとの結婚を反対していたものの、いずれは許そうと考えていたそうです。しかし、その矢先に聡美さんが急死してしまいました。

戸建ての住まいは、聡美さんが購入に際して大部分を負担しています。財産を引き継ぐ権利のない内田さんに共有持分を買い取ってもらった上に家から追い出すのは、人としてできないと考えていました。

聡美さんの父が、内田さんにどうしたいか聞いたところ、「そのまま住み続けたい。そしてゆくゆくは、聡美さんの共有持分を買い取りたい」という答えが返ってきました。そこで、聡美さんと内田さんの共有持分の比率はそのままにして、聡美さんの共有持分である8100万円と預貯金1000万円を父親、母親の二人で相続することになったのです。

基礎控除額は3000万円＋600万円×2名で4200万円。自宅ではないため小規模宅地の特例による評価減を適用できないため、約634万円の相続税が課税されることになります。納税資金は、聡美さんの預貯金から捻出することにしました。内田さんを配慮することで不動産を共有することになりましたが、将来において発生する相続によって、この共有状態はさらにこの不動産の権利関係を複雑にする可能性があります。

たとえば、聡美さんの父親や母親が亡くなれば、遺産は妹に相続されることになります。妹さんは結婚して子どももいるため、妹さんに相続された遺産がさらに子どもに相続されれば、より権利関係は複雑になり、新たな争いの火種になるかもしれません。内田さんは、聡美さんの父親の存命中になんとか共有持分を買い戻したいと考えています。

選択結果

中策

聡美さんの両親が財産をいったん相続する。内田さんは引き続き自宅に住み続けるが、相続人ではないため小規模宅地等の評価減を活用できない。相続税は両親に６３４万円が課税される。納税資金は預貯金で融通できるが、今後、内田さんが本当に買い戻せるのかが心配。

ケース2のまとめ

被相続人に内縁の夫や妻がいた場合、問題になるのが、「被相続人の内縁関係にある人は、法定相続人になれない」ということです。

遺産の多くに不動産が含まれていることをすでにご紹介しましたが、相続がスタートした時、内縁関係にある人の住まいが遺産分割の対象になることがよくあります。相続する権利を持たない内縁関係にある人は、遺産分割の結果、その住まいを追われることになります。このようなことがないよう、生前から何らかの対策を立てておくことが大切です。

遺言書で内縁関係にある人に住まいなどを遺贈するというのも良いのですが、生前贈与を活用するのも望ましいと言えます。今回の事例のように、自宅を共有していたことや法律で決められた配偶者でないこと、子どもがいないことなどがきっかけとなって、さまざまな問題に発展しがちです。節税対策上も、誰に継がせるのかが決まっているのとそうでないのでは、大きな違いがあります。自分が死んだ後、どのような状況になるのか予測しておくことが、ここでは大切になります。

メモ欄

ケース3

相続人でない子どもの配偶者に分ける

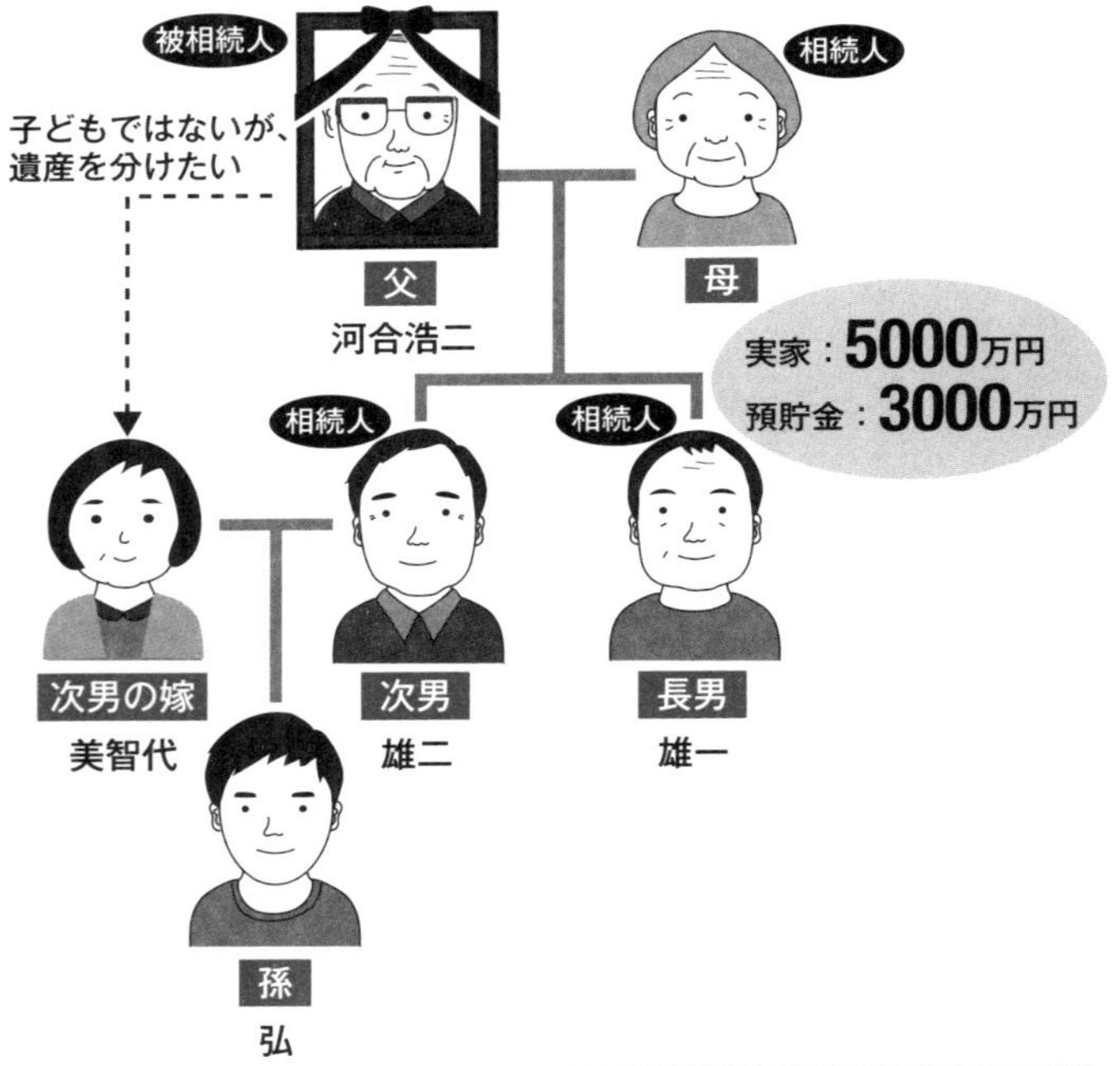

河合家の相続事情

被相続人の浩二さんは生前、自分を献身的に看病してくれた長男の嫁の美智代さんに遺産の大部分を分けたいと考えていましたが、どうすれば長男や次男を納得させた上で遺産を分配することができるか、悩んでいました。

河合浩二さんは、平凡な毎日を送る老舗メーカーの営業マン。

浩二さんには、妻と二人の息子がいました。


「退職したら、趣味の釣りを心ゆくまで楽しみたい」

それが、浩二さんの唯一の楽しみでした。

ところが、65歳で定年退職後、浩二さんは病気にかかり、ほぼ寝たきりの状態になってしまいました。ALSというまだ治療法が見つかっていない難病です。日に日に筋力が失われ、そのうち日常生活のほとんどを他人の手に頼るようになりました。

妻の佳恵さんは、当初浩二さんにつきっきりで看病していましたが、老々介護のため、次第に面倒を見ることができなくなってきていました。二人の息子はすでに実家を出ており、毎日佳恵さんを支援しながら浩二さんの面倒も見られる人がいません。

そんな状態に危機感を募らせていたのが、次男の雄二さんでした。

「このままじゃ、二人がかわいそうだ。かといって、俺も仕事があるしなあ……」

そんな悩みを妻の美智代さんに話したところ、

「それなら、仕方ない。私がお義父さんを介護するわ……」

と言ってくれたのです。

実は、美智代さんは元看護師でした。身内の介護は初めての経験でしたが、一所懸命に看病しました。美智代さんは自分の負担を減らすため、週に3日は、実家に泊まりこんで看病していたのです。献身的に自分のことを看護してくれている美智代さんの姿に浩一さんは、いつも精一杯、身体で感謝の気持ちを表現しているようでした。美智代さんも浩一さんに気持ちが通じているということをモチベーションに、これまで以上に懸命にサポートをしていました。

家族で過ごせる時間が増えたものの、浩二さんの難病が回復することはなく、数年後に浩二さんは幸せに旅立っていきました。

相続の開始後、雄二さんが浩二さんの財産を調べてみると、実家の不動産が5000万円、預貯金が3000万円ありました。

あなたなら、どの方法を選びますか?

方法1
遺言書で遺産を分ける
42ページへ

方法2
何もせず法律通りに分ける
44ページへ

方法3
自分で子どもたちに財産を分ける
46ページへ

方法1 遺言書で遺産を分ける

浩二さんは、献身的に自分を世話してくれた美智代さんにも、自分の子どもたちと同じか、それ以上の遺産を残したいと考えていました。

そこで、知り合いの会社の社長の顧問弁護士に相談してみました。

弁護士は、「相続人でない美智代さんに遺産を分けたくても、そのままにしておいたら、分けられません。遺言書を書くべきです」とアドバイスをもらったのです。

「あ、そうか。『遺言書を書きなさい』と、テレビでも言っていたなあ」と思い出した浩二さんは、遺言書で美智代さんに**遺贈**することにしたのです。

実家は、自分の妻に住む家ぐらいは残したいと考えていたので妻に相続してもらい、預貯金の3000万円を兄弟二人と美智代さんに遺贈することにしました。顧問弁護士に相談しながら、遺留分を侵害しないように注意して、遺言書を公証役場で代筆してもらう公正証書遺言にしてもらいました。

兄弟の遺留分は1000万円のため、遺留分を侵害することなく分けることができました。仮に分割できる遺産が現金でない場合は、生命保険などを活用して、遺贈する方法があります。

ただし、美智代さんは相続人ではないため、相続税を計算する上で基礎控除額が増えるわけではありません。

さらに、被相続人の一親等の血族（子、**代襲相続**の孫、親）および配偶者以外なので、本来の相続税額よりも二割多く課税されます。これを「**相続税額の二割加算**」といいます。**小規模宅地の特例**を受ければ、相続財産は基礎控除以下のため税額はかかりませんが、遺産が多いと課税される金額が高くなるので注意が必要です。

選択結果

中策

実家は妻が相続。現金3000万円を子ども2人と次男の嫁である美智代さんの3人で1000万円ずつ分ける。配偶者が自宅を相続したため、課税はなかった。

方法2 何もせず法律通りに分ける

浩二さんは、実の娘でもないのに長年献身的に自分を世話してくれた美智代さんに、遺産の大部分を残したいと思っていました。しかし、次男の嫁は相続人ではないため、遺産相続の権利がありません。

「この場合は一体、どうすればいいんだろう……?」

相続人ではない嫁に対して遺産を残す方法は、実際にはいくつかあります。有効な方法もあるのですが、その方法を知らずにいたため、浩二さんは生前に有効な対策を打つことができませんでした。

長男の雄一さんは、**遺産分割協議**で、弟で次男の雄二さんにこう宣言しました。

「親父は、お前の嫁さんにも遺産を残したいと言っていたけど、お前の嫁さんは看護師なんだし、人助けで遺産までもらおうとは思ってないよな?」

雄二さんは納得できませんでしたが、美智代さんには法律的な権利がないので、どうにもなりません。さらに、美智代さん自身も兄弟げんかで溝を作ってしまうより、モメずに遺産を分ければいいという考え方でした。このため、遺産は法律通りに分けられることになりました。

遺言書のない浩二さんの遺産は、法定相続通りに分けると相続人である配偶者が1／2の4000万円、長男と次男がそれぞれ1／4の2000万円ずつ相続することになります。

遺産分割協議では、必ずしも法定相続通りに分けなくても良いとされています。兄弟同士の話し合いで、実家には母親が住み続ける予定なので、実家は売らずに残し、預貯金の3000万円を兄と弟で均等に分けることにしました。

実家は**配偶者控除**を活用して（小規模宅地の特例も受けられます）、相続税は課税されませんでしたが、故人の遺志を反映したとはとても言えない、残念な分け方になってしまいました。

選択結果 下策

実家は母親が相続。配偶者の税額控除のため、母親には税金が課税されない。基礎控除の範囲内なので、二人に分けた現金にも課税されない。

方法3 自分で子どもたちに財産を分ける

浩二さんは、実の娘でもないのに長年、献身的に自分を世話してくれた次男の嫁の美智代さんに、遺産の大部分を残したいと思っていました。しかし、次男の嫁は相続人ではないため、遺産を相続する権利がありません。

「いったい、どうすればいいんだろう……」

悩んでいた時、たまたま相続のセミナーで税理士と知り合うことができたので、相談してみました。

その税理士さんは、**贈与**をアドバイスしてくれました。生前に財産を相続人や相続人以外の人に贈与する場合は、贈与税が課税されます。贈与税の税率は、相続時に比べ低い金額でも高く設定されているので、注意が必要です。

そこで浩二さんが活用したのは、**暦年贈与**で生前に美智代さんに贈与する方法でした。暦年贈与は、相続人以外にも財産を渡すことができるので安心です。しかも相続財産を取得しない美智代さんには、相続開始前3年以内の加算はありません。

暦年課税の贈与税には、年間110万円の基礎控除があります。この基礎控除の範囲内で毎年贈与を行うことで、税金を発生させずに遺産を移すことができます。

実家は、自分の妻に住む家ぐらいは残したいと考えていたのでそのままにして、3000万円の預貯金のうち、兄弟の遺留分を侵害しない1000万円を美智代さんに贈与することにしました。

10年間生前贈与をし続けて、浩二さんの遺志通りに1000万円を美智代さんに贈与することができました。その後、浩二さんは、自分の妻に自宅に住み続けるように伝え、長男と次男にはそれぞれ1000万円ずつ分けるように遺言書を書いてすぐに亡くなってしまいました。しかし、遺言書もあり、美智代さんには生前に財産が贈与されていたので、遺産分割でもモメずにすんだのです。

選択結果

上策

自宅は妻に相続させる。預貯金3000万円のうち、子ども二人には各々1000万円ずつ相続させ、次男の妻、美智代さんには毎年110万円分贈与して、1000万円を贈ることができた。この金額は、兄の遺留分も侵害していない。

ケース3のまとめ

美智代さんの事例のように、本来相続権を持たない人に遺産を分けたいという時にはモメがちです。しかし実際問題、子どもの配偶者に面倒を見てもらうケースは珍しくありません。被相続人に対して長年、献身的な世話をしてくれたお礼として何かしら残してあげたいという人も多いからです。しかし、子どもの配偶者には遺産を相続する権利がないため、遺産を残したい場合には、いくつかの方法を考えなければいけません。

そこで、遺産を残したい人が相続人でない場合には、税金の対策もしてあげることが大切です。相続人でない場合は、相続税の計算では法定相続人の数に変化はないので基礎控除が増えるわけではなく、さらに被相続人の一親等の血族（子、代襲相続の孫、親）及び配偶者以外相続税が２割加算されてしまいます。また、相続財産を子ども以外に分割することで、争族問題が持ち上がる可能性もあります。

遺贈をするよりも、生前に贈与するなどの方法を採用しておけば、自分の意思通りに財産を分けることができます。

メモ欄

ケース4

相続財産を親と兄弟で分ける

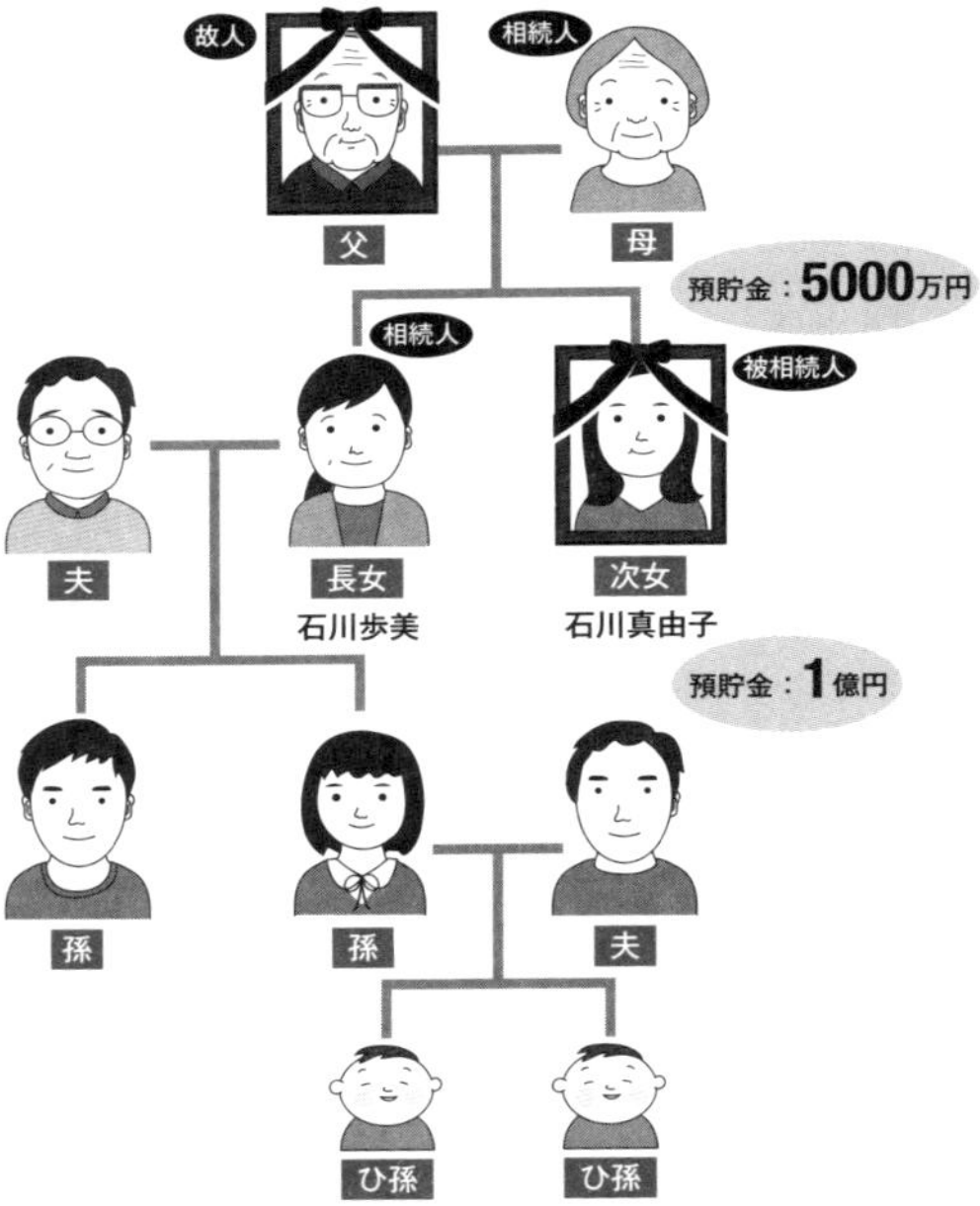

田中家の相続事情

歩美さんは、妹の真由子さんとの二人姉妹。父は数年前に他界し、母親が91歳で健在です。このケースのように子どもが先に亡くなっている相続の場合、相続人は母親になりますが、妹の預貯金1億円をそのまま母親が相続すると、近い将来の母親の相続時にはよけいに税金がかかってしまうことになります。

石川歩美さんは、現在63歳の専業主婦。旦那さんと子ども二人で、地方都市に暮らしています。子どもはすでに二人とも働いていますが、家族仲良くひとつ屋根の下で暮らしています。

そんな仲むつまじい家族に、突然の訃報が入りました。

「真由子が亡くなった……」

歩美さんには、小学校の教員を35年間勤め、1年前に定年退職した妹の真由子さんがいました。ところが昨日、真由子さんが脳卒中で倒れ、そのまま帰らぬ人になってしまったというのです。

真由子さんは、未婚で両親と暮らしており、ずっと実家から通っていたこともあり、あまり浪費もせず、父親からの遺産相続もあったため、それなりの資産を持っているであろうことは想像がつきました。

真由子さんの葬儀が終わり、四十九日が終わった頃、歩美さんが調べたところ、真由子さんの資産は、預貯金を中心に1億円にも上ることがわかりました。

「えっ！　真由子の財産って、1億円もあるの⁉　困ったわ……」

1億円もあれば、もう少し別なリアクションがあるものですが、そう歩美さんが思うのも無理はありません。

歩美さんと真由子さんの母親は、未だ91歳で健在です。母親は数年前になくなった父親の遺産を相続し、5000万円の現金を持っています。

真由子さんの財産は母親が相続することになりますが、このまま相続すると、母親が亡くなった時に、歩美さんがかなりの額の相続税を払わなければならなくなるためです。

歩美さんが支払う相続税を軽減するためには、何らかの形で母親の遺産を減らしたり、財産の評価を下げたりしなければいけません。しかし、歩美さんには、「いつ、どのような方法で節税を実行すればいいのか？」ということが、わかりません。

そんな歩美さんには、次のような選択肢がありました。

あなたなら、どの方法を選びますか？

方法1 法律通りに相続する

54ページへ

方法2 相続する人を増やして分ける

56ページへ

方法3 相続放棄する

58ページへ

方法1　法律通りに相続する

相続についてまったく知識を仕入れていなかった歩美さんは、何から調べたらいいのか分からず、ひとまず昔から父親が懇意にしていた知り合いの税理士に依頼して、相続税が課税されるのか、課税されないのかを調べてもらうことにしました。

真由子さんの相続で、1億円の財産を相続するのは、現在91歳の母親です。歩美さんは、今回の相続で相続対象とはならないため、財産をもらうことはありません。特に何も相続対策を取らなければ、1億円に課税される相続税は、1220万円とかなり高額になることがわかりました。

「しかし、突然死ですから、今から打てる節税対策も限られていますし、まぁ仕方ないかと……」

「え、ええ……そうですよね」

1220万円もの税金に、言葉を失う歩美さん。相談した税理士は、打てる手はないとばかりに、表情をくもらせるばかりです。もちろん、納税資金がないわけではないので、真由子さんの預貯金から納税資金を出し、税理士に申告書類を作成してもらいました。

しかし、残念なことに、真由子さんが亡くなった数か月後、母親が亡くなってしまいました。母親には、相続税を差し引いた8780万円に、父親の財産を相続した5000万円をプラスして、1億3780万円の遺産がありました。

これに対し、相続税は、2372万円かかります。結局歩美さんは、真由子さんと母親の相続で、3592万円もの相続税を支払うことになってしまいました。

選択結果
下策

被相続人の真由子さんの遺産を相続人である母親が相続する。相続税は1220万円。その母親が亡くなり、歩美さんが母親の遺産を相続する。二次相続に課税される相続税は2372万円。2つの相続で総額3592万円もの相続税を支払うことになってしまった。

方法2　相続する人を増やして分ける

歩美さんは、昔から父親が懇意にしていた知り合いの税理士さんに依頼して、今回の真由子さんの相続で、相続税がどのくらい課税されるのか、それとも課税されないのか調べてもらうことにしました。

すると、1億円の財産にかかる相続税は、1220万円になることがわかりました。

「真由子がコツコツと貯めた貯金だから、有効に活用してあげたい」

そう考えた歩美さんが採用した方法が、「母親に自分の子どもと**養子縁組**してもらい、**法定相続人**を増やして節税する」という方法でした。

幸い、歩美さんには子どもが2人いました。しかし、相続税の計算上、法定相続人に含める養子の数には制限があります。法定相続人に含められる人数は、実子がいる場合には1人、実子がいない場合には2人までと決められているのです。

母親の実子は歩美さんなので、養子を法定相続人にする枠は1人しか増やせません。それでも、相続税対策にはなると考え、歩美さんの子どもを1人、母親の養子としました。

母親の相続が始まり、1億3780万円に相続税が課税されることになりました。歩美さんと養子となった歩美さんの子どもにより、基礎控除枠が600万円に増えた結果、2人で相続税は1516万円まで圧縮されました。養子とすることで、856万円の節税が可能になったのです。

一連の相続で課税された相続税は、真由子さんの相続で1220万円、母親の相続で1516万円。合計2736万円となりました。

選択結果

中策

養子縁組で相続人を1人増やして相続する。2人で母親の遺産を相続することにより、相続税は1516万円に圧縮された。何もせずに相続するより、856万円の節税になった。

方法3 相続放棄する

「自分ではよくわからないし、専門家に相談してみよう」

ということで、歩美さんが相続税に強いと評判の税理士に相談したところ、子どもの遺産を求めていないであろう母親に相続放棄してもらったらどうか、と提案されました。つまり、第二**順位者**が放棄することで、第三順位者である兄弟姉妹が相続することになる、という説明でした。

5000万円の現金を持っている母親は、すでに91歳。真由子さんの1億円の財産を相続しても、特に使い道はありません。であれば、歩美さんや彼女の子どもや孫に相続してもらった方が、有効に活用できます。

相続放棄は、相続を知った日から3か月後までに家庭裁判所で手続きを行う必要がありますが、幸い、次女の真由子さんが亡くなってから2か月しか経っていなかったため、手続きに間に合いました。

こうして、真由子さんの財産は、歩美さんが相続することになったのです。相続税は、1220万円の二割加算で1464万円でした。

次に、母親の相続税対策です。母親の資産は5000万円。基礎控除額の3600万円以外の金額を歩美さんの子どもや孫に贈与する方法を採用しました。

歩美さんには子どもが2人、さらに孫が2人います。この4人に一人あたり350万円、計1400万円を生前贈与することにします。贈与税は、4人合わせて104万円。贈与した歩美さんの子どもと孫は、母親から見れば孫とひ孫。法定相続人ではないため、仮に母親が贈与後3年以内に亡くなっても、相続財産に加算されません。

一連の相続で課税された税金は、真由子さんの財産を相続する時に課税された1464万円と贈与税104万円を足して、1568万円です。最終的に、養子縁組で節税するよりも、さらに1168万円ほど節税することができました。

選択結果
上策

91歳になる母親の相続を見越し、母親が相続放棄をする。真由子さんの遺産は歩美さんがすべて相続し、相続税を支払う。母親の財産は、相続がスタートする際の歩美さんの基礎控除以外、1400万円を子どもや孫に生前贈与。養子縁組で相続するよりも、1168万円ほど節税することが可能になる。

ケース4のまとめ

少子高齢化社会では今後、被相続人の親が存命であるケースが増えていくのではないかと考えられます。

相続の順番から言えば、直系尊属の被相続人の親が遺産を相続することになりますが、親もそう遠くない未来には相続を行わなければならなくなります。目先の相続対策にとらわれていると、将来を見据えた遺産分割もできなくなりますし、よけいな税金も課税されることになります。

節税のポイントは、多額の相続税が課税されないように相続人である母親の資産をいかにして減らすかが重要です。養子縁組で基礎控除を増やして、節税をするという方法もありますが、今回の事例では贈与に注目しました。

母親の相続放棄という対策を取り、母親の相続財産を子どもやその孫、ひ孫に生前贈与する選択肢を「上策」に選びました。相続放棄という対策を取ることができたのも、親子関係が良好だったからです。ふだんから将来のことや相続のことをなんらかの形で、親子間で話し合っておくことが大切です。

STORY 2

アパート建築・不動産法人の分かれ道

ケース1

郊外に多くの土地を持つ代々の地主

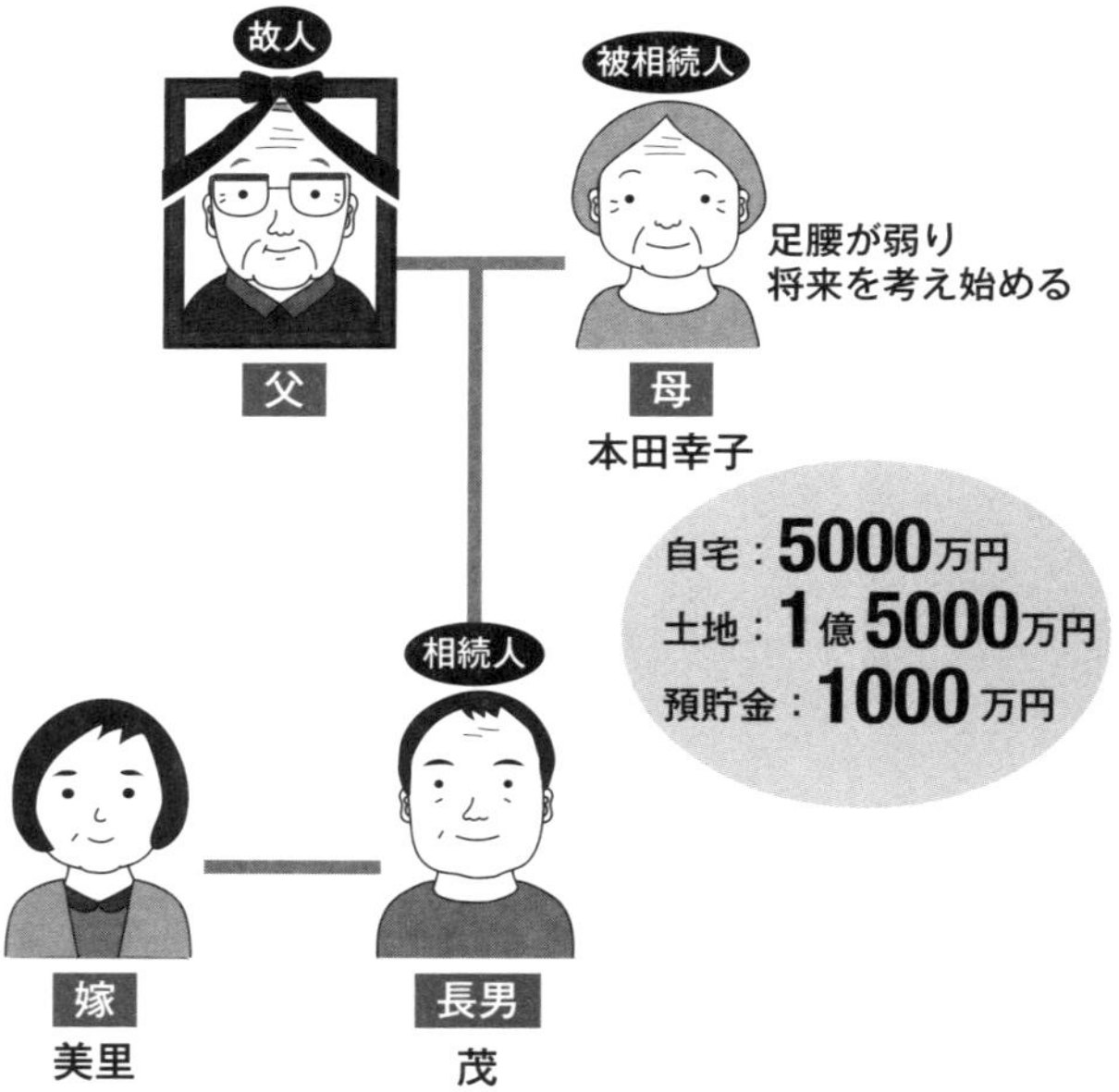

本田家の相続事情

幸子さんには、自宅と土地合わせて２億円、預貯金1000万円の資産があります。この資産に課税される相続税は5260万円。相続人は茂さん１人。子どももいない状態で、どのように節税すればいいのでしょうか？

昔から続く代々の地主で、多くの土地を所有しているという人は、首都圏に限らず、全国の地方都市でもたくさん存在します。

地主がよく行う相続対策の一つに、「所有する土地にアパートやマンションを建て、土地の相続税評価を下げる」という方法があります。

しかし、賃貸需要が低い、駅から遠い場所に建ててしまい、失敗する人も少なくありません。これからご紹介するお話は、相続対策のために賃貸経営を考えている、ある資産家のお話です。

埼玉県のある都市。そこに住む昔からの地主で82歳の本田幸子さんという、地元の名士がいました。幸子さんは、自分の親から引き継いだ古い家に、息子さんの茂さん（52歳）とお嫁さんの美里さん（56歳）の三人で暮らしています。息子夫婦には、子どもはいません。

ふだんは、自宅の前の畑や庭を手入れして、のんびり過ごしていました。しかし、最近は足腰が悪くなり、将来のことも少しずつ考えるようになりました。

「いずれは、今ある広大な土地を茂が相続することになる。でも、茂だけじゃ、とんでもない額の相続税がかかりそう……」

夫が昔、所有する土地の相続税を払うために、退職金をほぼ全額使いはたしてしまったことを思い出し、不安になってきた幸子さん。そんな時、いつも懇意にしているA銀行の担当者が、「お母さん、相続対策はされていますか？」と話しかけてきました。

渡りに船、とばかりに幸子さんが相談すると、「まずはお持ちの資産を評価してみましょう」ということになりました。その結果、自宅は家屋1000万円、200㎡の敷地が4000万円の計5000万円、所有する土地1000㎡は、1億5000万円になることがわかりました。これに幸子さんの預金が1000万円。遺産は、合計2億1000万円となり、相続税額は5260万円という試算が出ました。自宅評価に小規模宅地の特例を受けても、税額は3980万円。このままでは納税資金が足りません。

息子さんの茂さんは中学校で教師をしていますが、もちろん、高額の相続税を支払うことはできません。幸子さんには、次のような選択肢が残されています。

あなたなら、どの方法を選びますか？

方法1
自分名義のアパートを建てる

66ページへ

方法2
場所を変えてアパートを建てる

68ページへ

方法3
子ども名義のアパートを建てる

72ページへ

方法1 自分名義のアパートを建てる

幸子さんはA銀行からの提案に乗らずに、B銀行からの提案で自分の土地にアパートを建て、土地の評価を下げて相続対策を取ることにしました。

幸子さんの土地に幸子さん名義でアパートを建築すれば、その土地は**貸家建付地**の評価となり、土地の評価を大きく減らすことができます。

貸家建付地の評価の減額の割合は、「**借地権割合**×**借家権割合**」です。

仮に借地権割合が70%とした場合、1億5000万円の土地は1億1185万円まで評価を下げることができます。たとえば、5000万円の融資を受けて建物を建てる場合は、建物の評価減も行うことができます。

建物の相続税評価は、固定資産税評価を用いるため建築価格の60%ほどで、貸家の場合は30%の借家権割合を控除されることから、自宅などの70%で評価されます。つまり、評価額は5000万円×60%×70%で、2100万円です。

遺産総額は、幸子さんの預金1000万円と小規模宅地の特例を活用し、評価を下げた自宅1000万円に貸家建付地の土地1億1185万円、建物が2100万円です。ここから借入金の5000万円を差し引いて、課税総額は1億1750万円となります。相続財産に課税される相続税は、1745万円となります。

相続税を大きく下げられたことで、大喜びの幸子さん。これからアパート経営を順調に行っていけば、納税資金を貯めることができるはずです。しかも、建築費用として借りたローンを返済できれば、収益源を遺産として残すことができます。でも、すべては「賃貸経営がうまくいったら」の話。賃貸経営がうまくいくよう、幸子さんは毎日祈るような気持ちで過ごしています。

選択結果 中策

銀行から5000万円の融資を受けて自分の土地にアパートを建て、評価を下げる。借入金を抑えることはできたが、相続税は1745万円となった。今後のアパート経営が心配。

方法2 場所を変えてアパートを建てる

土地にアパートを建てて、土地の評価を下げるという方法は良いのですが、空室リスクを考えると、なるべく賃貸需要が高い場所に建てる方が安全です。

そこで、所有している土地を売却し、新たに駅周辺など賃貸需要が高い場所の土地を購入して、そこにアパートやマンションを建て、資産を組み換えるという方法があります。つまり、土地のバリューアップを図るのです。

たとえば、駅からほど近い土地を購入するのであれば、住みやすいし、便利なので賃貸需要もある程度高いことが予想できます。何よりも路線価が高いため、貸家建付地とすると、節税効果も非常に高くなるのです。

相続税の場合、土地の評価は原則的に**路線価**を基準に計算することが決まっています。

路線価は、国税庁によって毎年7月に、土地の**公示価格**の8割程度の価格として発表されます。

土地の価格は、一般的に次の3つの観点から総合的に決定されます。

①その不動産の収益性
②その不動産の効用
③その不動産に対する受給バランス

①は、「その不動産を活用することで何が得られるか」ということです。具体的には建物を貸して賃料を得る、などですね。
②は、「他の不動産と比べ、その不動産の価値が高いか低いか」ということです。
③は、「その不動産をほしい人がいるか」ということです。ほしい人（需要）が多ければ多いほど、価格に影響します。最近では**インバウンド需要**によって、ホテル用地が高値で取引されているケースも目立ちます。駅から近くなくても、観光地としての評価が高い、つまり観光資源に近い場所であれば、土地の需要も高くなります。

土地の評価額の種類

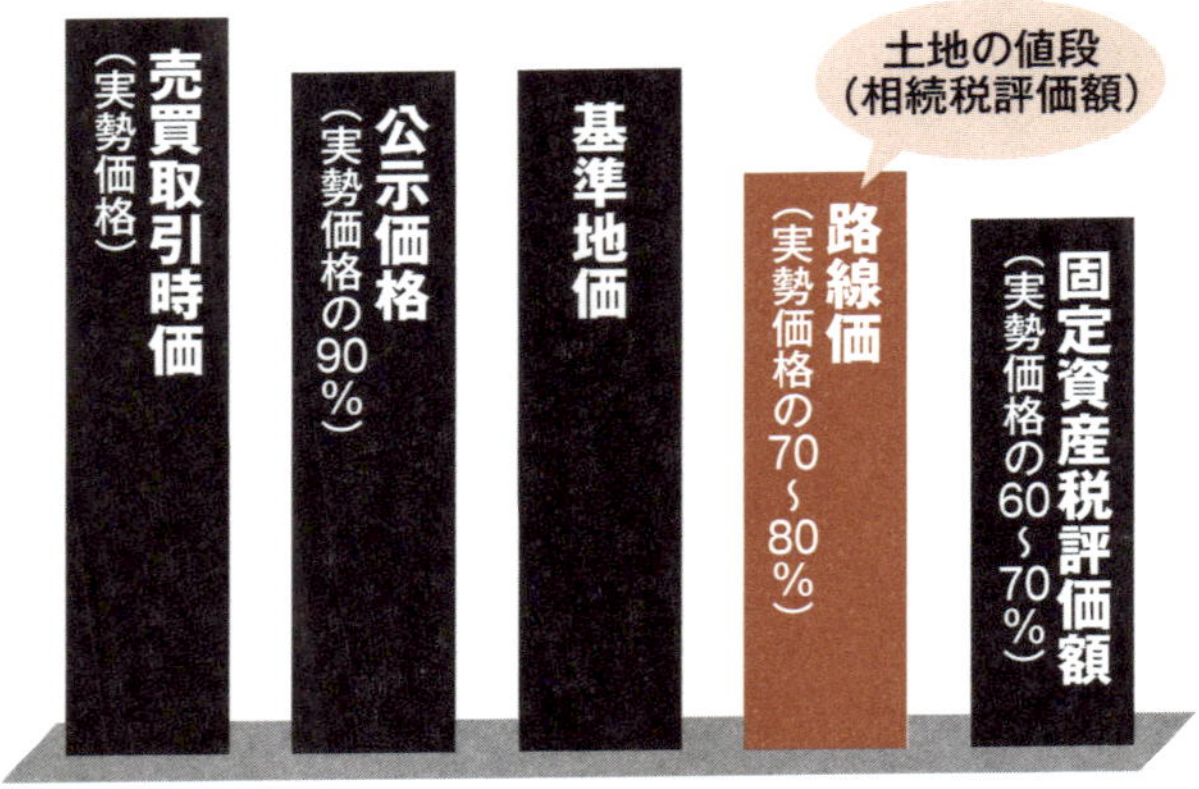

不動産の評価額においては、特に土地に関して「一物五価」と言われる、一つの土地に対して5つの価格を意味する価格評価があります。土地の価格が分かれているのは、国や地方自治体、売り主や買い主などが、それぞれ違った視点や基準から評価しているためです。

「五価」……実勢価格、公示価格、基準地価、路線価、固定資産税評価額

・**実勢価格（時価）**……実際に売買などに取引される価格

・**公示価格（公示地価）**……地価公示法に基づき、国土交通省が毎年公表する価格

・**基準地価（都道府県基準地標準価格）**……国土利用計画法に基づき、都道府県知事が毎年公表する価格

・**路線価（相続税評価額）**……市街地などにおいて公衆が通行する道路（路線）の標準地を選び、公示価格や売買実例価格、不動産鑑定士などによる鑑定評価額を参考にして国税庁が毎年発表する価格。これに土地面積をかけて土地の相続税評価額を算出する。評価額は、公示価格の8割が目安。

・**固定資産税評価額**……固定資産税などの税金を計算する基準となる価格のこと。市町村では、土地や家屋について「固定資産課税台帳」に課税価格などを登録している。土地の固定資産税評価額は、公示価格の7割が目安になる。

この3つの原則に従えば、「駅から近く、生活に便利で、その土地を買いたいと思っている人が多いかどうか」が土地の価格に大きな影響を与えます。一般的には駅から近い土地の方が土地の評価額や路線価も高く、小規模宅地評価減の効果も高くなります。

幸子さんは、1億5000万円の土地を売却し、新たに駅周辺に土地を購入しました。幸子さんが購入した土地は、入居需要が高いと言われるエリア。そこで新しくアパートを建てれば、賃貸経営も安定すると予測されたからです。銀行から5000万円の融資を受けてアパートを建てました。

遺産総額は、幸子さんの預金1000万円と小規模宅地の特例を活用し、評価を下げた自宅1800万円に、貸家建付地の土地1億1185万円、建物が2100万円。ここから借入金の5000万円を差し引いて、課税総額は1億1750万円となりました。これに対する相続税は、8150万円かかります。

選択結果 上策

所有している土地を売り、駅周辺の土地を新たに購入。そこに5000万円の融資でアパートを建築。相続税は方法②と同じ1745万円だが、アパート経営は順調で、将来も安定が予測される。

方法3 子ども名義のアパートを建てる

幸子さんの財産をそのまま茂さんが相続すると、3980万円の相続税を支払うことになります。

「何か、有効な節税方法はないのかしら……?」

困った幸子さんがA銀行の担当者に相談したところ、あるプランを提案されました。

幸子さんの土地にアパートを建てて、節税する方法です。

土地にアパートを建てると、次のような節税効果が得られると言うのです。

①貸家を建てると土地の評価が下がる(借地権割合70%の場合、更地の21%引き)
②貸家の評価額は建築費の6割程度
③借入金で貸家を建築すると、債務控除として借入金を相続財産から差し引ける

さらに担当者は、「アパートを子ども名義にしておけば、相続財産から除外できてアパートの収益も子どものものとなり、納税資金に充てられる」とアドバイスしてく

れました。そこで、幸子さんは担当者から1億円融資をしてもらい、子ども名義のアパートを建築したのです。ところが、この提案には大きな問題がありました。

まず、建物を建てる時の借入れを子ども名義で行うと、幸子さんの借入れにならないため、債務控除が適用できません。

さらに、幸子さんの土地に茂さん名義の建物を建てた場合、生計を一にする子どもが親に地代を払わない「**使用貸借**」の関係になり、税務署は更地として評価するのです。

貸家建付地ではなく、更地として評価されるため、土地の評価額が下がらないのです。何の相続税対策にもなっていないことに愕然とした幸子さん。今後の納税資金とローンをどう返していけばいいか、悩み続ける日々だといいます。

選択結果
下策

所有している土地に銀行から融資を受けてアパートを建築。土地は更地評価で1億円、建物は茂さん名義で評価減にならず。借入金1億円も債務控除にならない。相続税は3980万円課税されることになる。

ケース1のまとめ

先祖代々の土地の所有者の中には、平成27年に相続税が実質的に増税になったこともあり、大幅な相続税対策を行わなければならない人たちもいます。しかし、周囲に適切な相談者がいないがために、「間違った選択」をしてしまうことも少なくありません。

それは、外部の業者などから、根本的な問題解決につながらない相続税対策を提案され、それを鵜呑みにしてしまうことです。

例えば方法3のように、相続税対策のためという口実で子ども名義でアパートやマンションを建築した結果、残ったのは借金だけ、というケースも少なくありません。目の前の相続対策に囚われすぎると落とし穴に落ちてしまう可能性があるのです。

そうした問題を避けるために必要なことは、相続税対策のゴール地点を具体的に考えることです。相続税の節税だけではなく、今持っている土地を将来、誰にどのくらい分配するのがいいのか？　そうしたことをイメージしてから、信頼できる専門家に相談するという順序が大切です。将来像を具体的に想定できればできるほど、選択を誤る確率を減らすことができるはずです。

メモ欄

ケース2

点在する土地を持つ地主

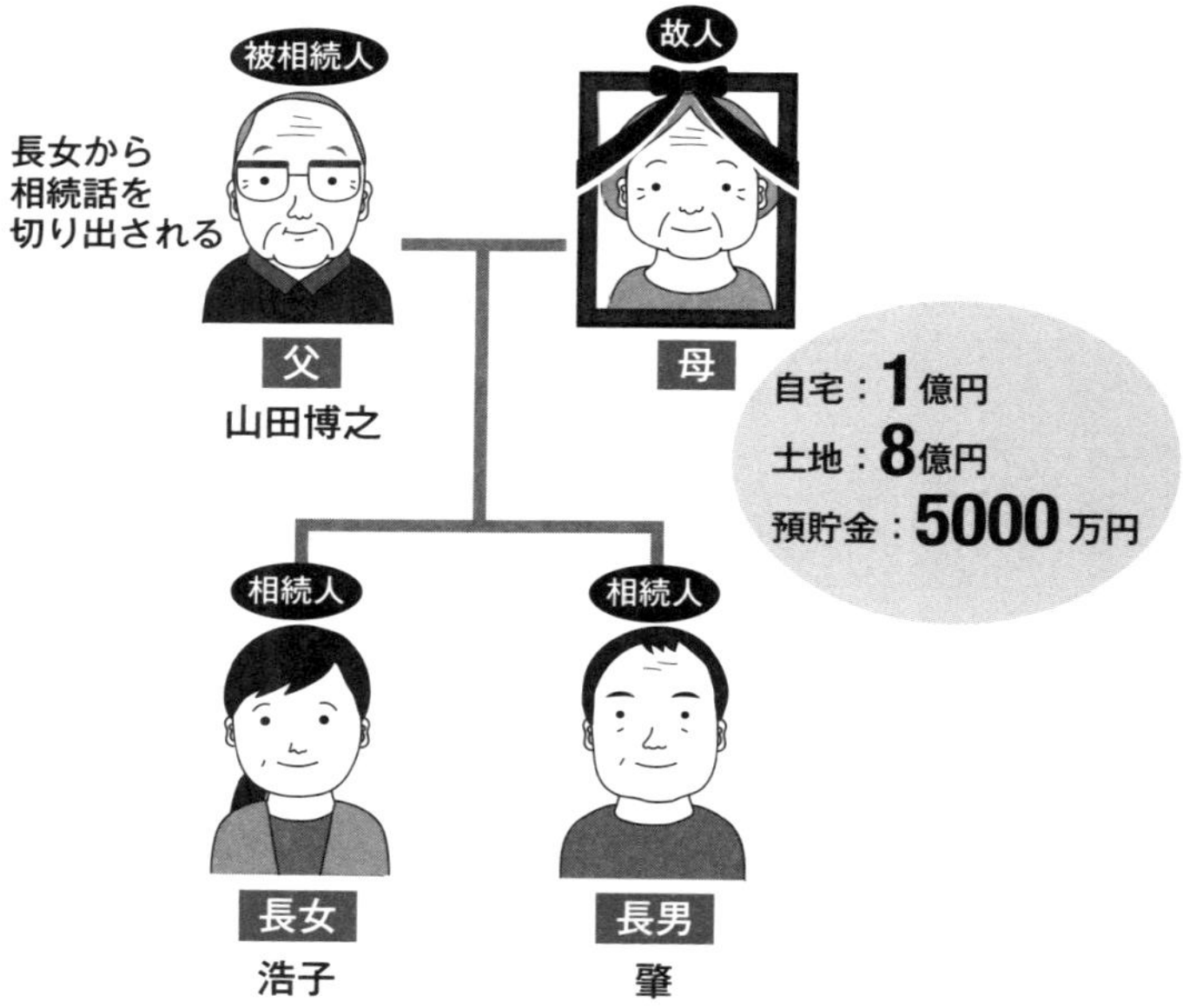

山田家の相続事情

博之さんは、長男と長女の二人の子どもがいます。長男は自宅に同居。長女は結婚して家を出ています。自分が死んだ後、総資産9億5000万円の節税対策に頭を悩ませています。

山田博之さんは、現在77歳。大手メーカーの人事部長を務めていましたが、現在は年金で暮らしています。

山田さんの家は、首都圏のベッドタウンに土地を複数所有する、昔からの大地主。土地は駐車場や更地など、すべて合わせると4000㎡。約8億円の資産価値があります。

早くに奥さんを亡くした山田さんは、男手一人で長男の肇さんと、長女の浩子さんを育ててきました。肇さんは会社員で実家暮らしですが、浩子さんは、数年前に結婚。家を出て賃貸住宅で暮らしています。

久しぶりに実家に帰った浩子さんが、山田さんに相続の話を切り出してきました。

「お父さん、相続税が最近、上がったみたいよ。私たちも、対策をしなくちゃいけないんじゃないかな?」

しかし、山田さんは昔ながらの古風な考えの人です。

「相続なんて縁起でもない。お前は、そんなことを考えなくていいんだ!」

山田さん自身、父親からの相続の時に特に対策を取ることはしなかったせいで、山相続の時に莫大な相続税を支払う経験をしていました。

当時、山田さんは相続税の延納を申し立て、給料の中から納税していました。延納ができる期間は、無限にあるわけではなく、原則として5年以内と決められています。ただし、財産のなかに占められている不動産の割合によって、延納期間が最大で20年まで伸ばすことができるケースもあります。

たとえば、財産のなかで不動産が占める割合が50％以上の場合、その不動産の価額に対応する税額は最大で20年の延納期間が認められるなどです。山田さんも20年の延納が認められていました。

先祖伝来の土地を守るためとはいえ、納税資金を調達するために、とても苦しい思いをしました。

自分の財産を引き継ぐ子どもや孫に、相続で苦しい思いはさせたくないとは考えていますが、実際にどのようなことをすればいいのか、山田さん自身、まったく分からなかったのです。とはいえ、娘さんの前で啖呵を切ってしまった手前、面と向かって相談をすることもできません。

このような状況で、山田さんにはいくつかの選択肢がありました。

あなたなら、どの方法を選びますか？

方法1
業者任せでアパートを経営する
80ページへ

方法2
土地活用を考えた経営をする
84ページへ

方法3
アパートを自分で経営する
86ページへ

方法1 業者任せでアパートを経営する

山田さんは、所有している土地にアパートを建てることに決めました。テレビのCMで、アパート建築が相続税の節税対策になるということを目にしたからです。

そんな折、山田さんのメインバンクで相続セミナーが開催されることを知りました。セミナーでは、所有している土地にアパートを建て、貸家建付地とすることで土地の評価を下げ、相続税が節税できることを学びました。

アパートを建てるためには通常、土地を担保に銀行から融資を受ける必要があります。ただ、相続税を下げることはできても、入居者が少なければ、家賃収入を納税資金にするどころか、ローンを返済することすらできなくなってしまいます。

すでに年金生活に入っている山田さんには、赤字を補填する余裕はありません。山田さんが契約を迷っていると、不動産会社の担当者が優しく語りかけてきました。

「入居者のご心配は無用です。足りない分は、当社がすべて保証いたしますから。オーナー様には、確実に家賃収入を得ていただけます」

「それならメリットばかりだ」と考えた山田さんは、すぐに契約して自分の土地にアパートを一気に5棟建てることを決めました。

貸家建付地として土地の評価を下げることで、8億円の土地の評価が借地権割合60％で、6億5600万円の評価額となります。建物を建築するために5億円のアパートローンを受け、5億円の債務控除が適用できます。建物の評価額は、貸家の評価減で2億1000万円まで下げることができました。自宅は小規模宅地等の特例を活用します。

一連の節税対策によって、課税される相続財産は4億2120万円になりました。相続税は、1億3554万円となります。「預貯金とこれから入る家賃収入で、何とか納税資金を確保できる」と、山田さんはホッとしました。

新築されたアパートは、ほとんど入居者が入っていないようでしたが、山田さんは不動産会社と**サブリース契約**を結んでいたので、家賃収入は定期的に入っていました。

サブリース契約とは、自分の物件をサブリースを行う不動産会社に貸して、不動産会社がその物件の管理運営を行うという契約です。賃貸経営は空室が出てしまうことが最大のリスクですが、サブリース契約を不動産会社と結べば、満室状態の家賃収入を得ることができます。その代わりに、サブリースの運営費用として満室想定家賃の10%から15%を不動産会社に支払う必要があります。

山田さんは、アパートを建築するときに不動産会社から「サブリース契約をすれば、アパート経営は何もしなくて大丈夫です」と聞かされていました。家賃の10%から15%というコストだけ見ていたのですが、思わぬ自体が発生してしまったのです。

アパートを建築してから2年後、問題は起こりました。突然、不動産会社の方から、サブリース契約を更新しない連絡が入ったのです。

山田さんが不動産会社に問い正すと、契約はもともと2年更新とのことでした。この2年間、入居者の募集に力を注いできたものの、ほとんど入居者が埋まらず、契約を更新することは難しい、とのことでした。「契約を更新したいのであれば、家賃を現在から30%安くしてほしい」とのこと。

後から同じようなアパート経営を行なっている友人の起業家に聞いてみると、サブリース契約をしている場合でも空室率が高い物件ではよくあることだとのこと。そういえば、つい先日もサブリースを行なっていた不動産会社の経営が悪化して、オーナーに対してサブリース賃料の支払い停止を申し立てたというニュースがありました。

山田さんは契約違反ではないかと思い、知り合いの弁護士に相談して見ましたが、サブリース契約で不動産会社がサブリース賃料を下げるのは法律的に認められているそうです。不動産会社に言われるがままにサブリース契約をしてしまいましたが、山田さんはよく調べずに契約してしまったことに気がつきました。

毎月のローンを返済するためには、自分でお金を補てんし続けなければいけません。しかし、契約を更新できなければ、自分で賃貸経営をしなければならなくなります。

こうして、山田さんは不動産会社のサブリース契約を更新しましたが、毎月赤字を自分の預貯金から取り崩し続けています。その預貯金もいよいよ底が尽きそうで、気が気ではないといいます。

選択結果

下策

節税対策前の相続税は3億7000万円。所有している土地にアパートを建築して、節税対策で、相続税は1億3554万円まで減額できた。しかし、サブリース契約を外され、ローンに苦しむ日々が待っている。

方法2 土地活用を考えた経営をする

山田さんは、相続税に強いと言われている税理士のセミナーで聞いた、あるアイディアを思い出しました。「土地の開発業者と組んで土地活用する方法」です。

「土地の活用ノウハウや資金がなくても、できる方法だったな……」

うろ覚えだった山田さんは、早速、セミナーで話していた税理士に問い合わせてみました。山田さんが持っている土地と、開発業者の建物を等価で交換し、賃貸経営を行う**等価交換**という方法でした。

この方法は、地主と開発業者が共同で開発する事業方式の一つとして知られています。この方法を使えば、山田さんは、土地の一部を手放すことになりますが、資金がなくても不動産賃貸業を始めることができます。

幸い、山田さんが所有している土地は、開発業者も以前から狙っていた土地でした。トントン拍子に話が決まり、山田さんが所有している8億円の土地のうち、駅に近い4億円の土地に、開発業者が6億円のマンションを建てました。

山田さんは土地の6割に相当する2億4000万円分の土地を開発業者に譲渡し、

開発業者は、建物の4割に相当する2億4000万円の建物を山田さんに譲渡します。

取得したマンションを賃貸用とし、残りの建物は業者が分譲します。山田さんは取得した40％を賃貸用にすることで、土地1億6000万円は貸家建付地となり、建物部分は貸家の評価になり、さらに大きな節税になります。

これにより、4億円の物件の評価が土地と建物を合わせて2億9440万円減額されました。自宅は長男が住み続けることで、小規模宅地等の特例を活用することができます。

等価交換により建築費の負担なく賃貸マンションを建設して資産を圧縮することに成功した山田さんは、とても満足しています。

選択結果 上策

等価交換方式で賃貸経営を行う。これにより、資金負担なしに相続税評価は4億円の土地が2億9440万円に圧縮された。

方法3 アパートを自分で経営する

山田さんは、節税のためには土地の価値を下げる方法が最も良い、という知識を仕入れました。そして、自分の土地にアパートを建て、貸家建付地にすれば大幅に土地の価値を減らすことができることも知りました。

とはいえ、アパートを建てても入居者が入らなければ、意味がありません。ちゃんと入居需要がある地域に建てないと、賃貸経営が暗礁に乗り上げてしまうことになりかねません。

そこで山田さんは、自分が持っている土地でアパートが建てられそうな場所の入居需要を一度、調べることにしました。所有している土地の近くにアパートが建てられていれば、そのアパートの管理会社に電話して入居状況を聞いたり、最寄り駅の駅前にある不動産会社に行って、アパートの入居需要を確認したりしていました。

数か月をかけて、周辺のアパートの入居状況や、山田さんの土地にアパートを建てた場合の入居需要を調べた結果、山田さんが現在持っている土地に建てても、十分な家賃収入を得るのは難しいということがわかりました。そこで、無理にアパートを建築することは止めることにしました。

ところが、賃貸需要のシミュレーションを行っているうちに、山田さんが持っている土地の一つに、再開発が進み、新しく駅ができるという土地がありました。そこで、それ以外の土地を売り、そのエリアの土地を購入。そこで健全なアパート経営をしようということになりました。

ほどなくして再開発が進み、山田さんが購入した土地は、駅近の便利な土地へと変化しました。山田さんは、目指していた満室経営ができてホッとしているそうです。

選択結果
中策

節税対策前の相続税は3億5460万円。所有している土地にアパートを建築。節税対策で、相続税は1億3554万円まで減額できた。現在は満室経営で順調にローンを返済し、納税資金も確保できそうだ。

ケース2のまとめ

相続税の節税に大いに効果があるアパートやマンションの建築ですが、賃貸経営を自分で行う覚悟で建築することが必要です。山田さんの事例でも出てきていましたが、「サブリース」と呼ばれる、不動産会社がアパートやマンションを30年間など長期期間一括借り上げして、家賃収入を代わりに払ってくれるしくみがありますが、これに頼りきってはいけません。最高裁の判例で、サブリース契約は、契約書に家賃保証をすると書かれていても、相場が悪ければ不動産会社が賃料の減額を請求することが認められているためです。

サブリース契約に頼らなくても賃貸経営はできますし、サブリース契約に頼らなければいけない経営状況であれば、賃貸経営を継続するのは難しいと言っても過言ではありません。

ですから、建てる前に立地をよく分析して、入居需要を調査し、損をしないように賃貸経営をすることが大切です。今回の事例では等価交換方式の賃貸経営をご紹介しましたが、立地が良ければ、このような賃貸経営も可能になります。

メモ欄

ケース3

不動産業を営む地主が節税を考える

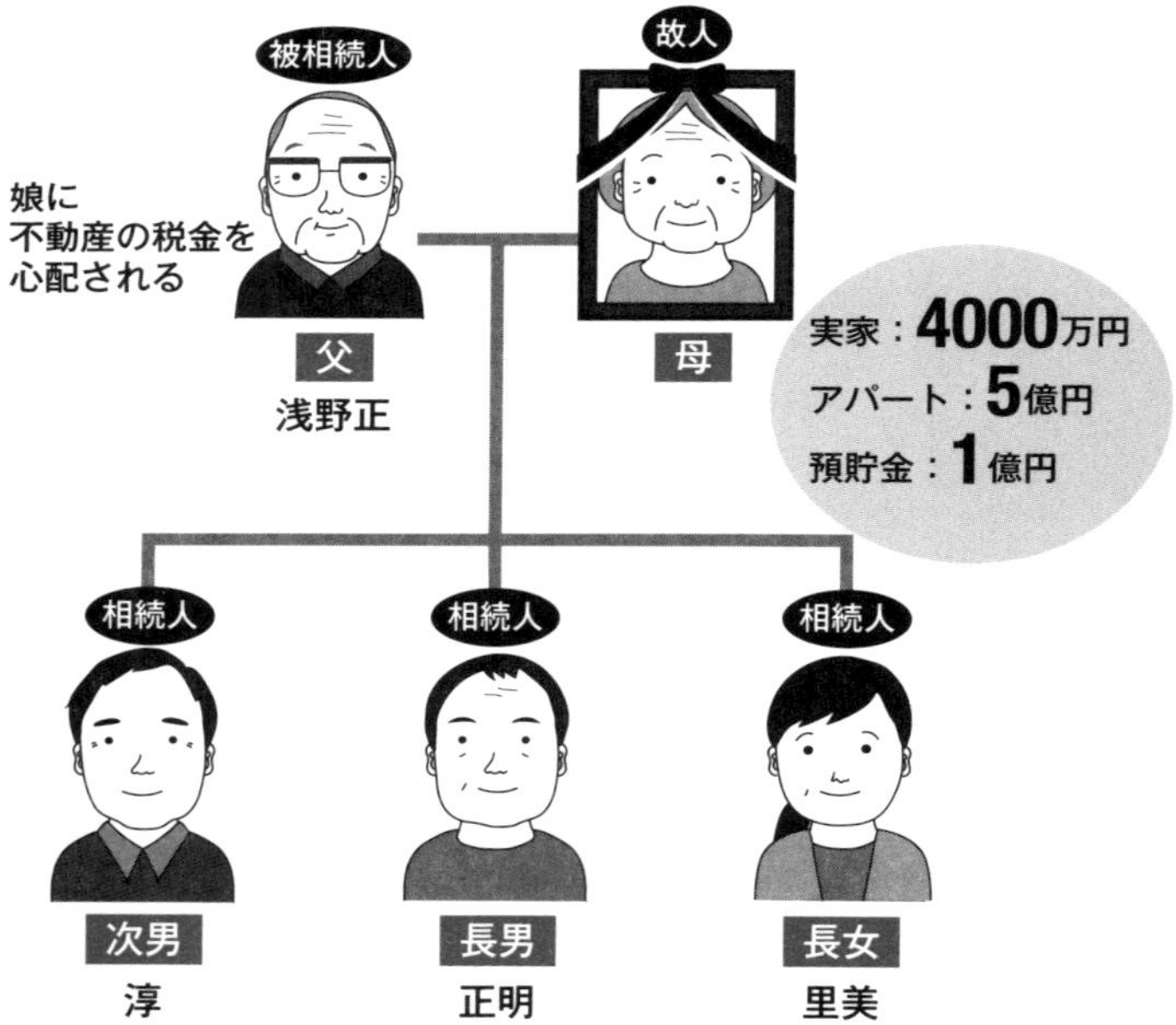

浅野家の相続事情

正さんは、親の代から大家業を営んでおり、アパートの資産価値は5億円で、年間3000万円の収入があります。特に節税対策もせず、家賃収入は貯金していますが、相続になると現金のほとんどは税金として取られてしまいます。

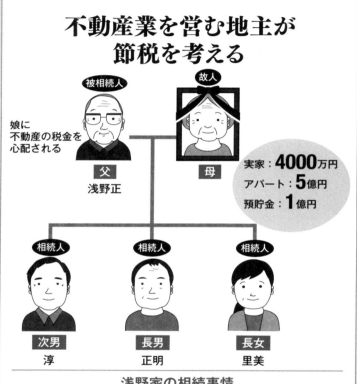

親から引き継いだ総額5億円のアパートとマンションを所有する浅野正さん（77歳）。子どもは、長男・正明さん、次男・淳さん、長女・里美さんの3人で、みな独立して会社員として働いています。

お正月に家族で集まったときに、ふと今後の将来のことについて話が及びました。口火を切ったのは、正さんの奥さんが亡くなってから、家のことを面倒見ていた長女の里美さんです。

「お父さんが持っている不動産は税金どうなの？　お父さんが死んだら、たくさん税金がかかるなんて言われても困るんだからね！」

里美さんの言葉に戸惑ってしまった正さん。実は正さんが所有しているアパートやマンションは、立地がとてもよく、ほぼ満室の状態でした。最近は、所有している物件の大規模な修繕やリフォームなどで、出費が続いているものの、経営自体は健全。何らかの相続対策を考えなければまずいということは、確定申告を依頼している税理士から指摘されていたのです。

アパートとマンションからの家賃収入は、計3000万円。修繕やリフォームなどのためにその大部分を貯蓄していて、そのお金は1億円ほどになっていました。

ある時、正さんが知り合いの経営コンサルタントと話をしていた時、たまたま相続の話になり、このまま浅野さんが亡くなって相続が始まると、相続税は1億8580万円になり、納税資金が足りなくなる可能性があることがわかりました。

「どうすればいいいんだろう……？」

その経営コンサルタントに紹介された相続税に強い税理士に相談したところ、「**所有不動産の法人**を作り、節税しながら納税資金を確保する方法」を提案されました。法人であれば、その方法が可能になるとのこと。

しかし、一口に法人といってもさまざまな形態があります。不動産を所有し、そこからの賃貸収入をすべて法人に移してしまう方法もあれば、不動産の管理だけを行う「不動産管理法人」を作る方法もあります。

「一体、どのタイプの法人にすればいいいんだろう……？」

法人化して、節税しながら納税資金を貯めたい浅野さんには、次の3つの選択肢がありました。

あなたなら、どの方法を選びますか？

方法1
管理報酬が収入源の法人にする
94ページへ

方法2
土地と建物を所有する法人にする
96ページへ

方法3
建物だけを所有する法人にする
100ページへ

方法1 管理報酬が収入源の法人にする

浅野さんは、不動産賃貸業すべてを法人化することにしました。

しかし、浅野さんはすでに個人事業として不動産賃貸業を行っているため、浅野さん個人が所有している不動産を法人に譲渡するためには、譲渡税などの費用がよけいにかかることになります。

そこで浅野さんが検討したのが、不動産管理法人です。浅野さんには、子どもが長女と長男がおり、長男が株主の不動産管理法人を設立しました。

不動産管理法人とは、不動産賃貸経営の管理料を収益とする法人のこと。簡単に言えば、物件の管理だけを行う法人です。収益の元になる管理委託料は、管理する業務の内容にもよりますが、家賃収入の10％前後が目安といわれています。これ以上の収益を不動産管理法人で得ようとすると、「業務内容の割に管理委託料を取り過ぎている」と、税務署から指導される可能性が高くなってしまいます。

浅野さんは、長男名義で設立した不動産管理法人の管理委託料を20％に設定することにしました。というのも、知り合いから「20％までは税務署が否認して、修正申告をしろと言わない」という話を聞いたからです。万が一にも否認されるケースはあるものの、節税効果があることに目を奪われ、管理委託料を高めに設定したのでした。

案の定、所得税調査の際に、管理委託料が高すぎると指摘され、税務署から修正申告を求められてしまいました。修正申告は、管理委託料の適正管理に実態を合わせられることになり、管理委託料は家賃収入の10％。残りの10％分は課税対象になり、修正申告して納税することになりました。

さらに、浅野さんが調べてみると、相続では法人を作っていても、土地の名義が子どもではなく浅野さん名義になっていることから、相続になれば、不動産には相続税が課税されることになってしまい、節税の効果はほとんどないことが判明しました。

「手間をかけた割には、節税効果が薄かった……」と浅野さんは嘆いています。

選択結果
下策

不動産管理を行う管理会社を設立。ところが、管理委託料は家賃収入の5～10％程度にしかならず、年間150～300万円程度の節税しかできないということがわかる。

方法2　土地と建物を所有する法人にする

浅野さんは、所有している不動産を長男が株主の法人に譲渡し、不動産所有法人を設立しました。不動産所有法人とは、その名の通り不動産を所有して、家賃収入を法人の収益とする節税方法です。

「これで家賃収入が節税できるはずだ」

浅野さんが、個人所有で管理委託料をもらう方法ではなく、不動産所有法人にこだわった理由は、税率の低い法人の収益にすることで、節税できるからです。

個人所得の最高税率は55％ですが、法人所得に対する最高税率は30％前後。家賃収入が多くなれば多くなるほど節税メリットも高いと言えます。

また、家賃収入を法人にすることで、個人ではなかなか必要経費にしにくかった賃貸経営に関するさまざまな必要経費を計上することができます。実は、個人の賃貸経営では、必要経費にできるものは、収入と経費が結びついたものに限られることが多いのです。理由は簡単です。個人の場合、その必要経費が収入を得るためのものかどうか判断が難しいからです。しかし、法人では必要経費を税務署から否認されることは、ほとんどありません。なぜならば、法人の活動は全て収入を得るためのものだからです。また法人であれば、生命保険料の額を限定せずに必要経費に計上することができます。生命保険料を経費にしながら、被相続人の死亡時に死亡保険金として相続人に与えることも可能です。このようにすれば、代償金や納税資金も確保することができます。しかしながら、個人で所有している不動産を法人に譲渡する場合、いくつかのデメリットも存在します。

まず、売却時の利益に譲渡税が課税されることです。

譲渡税は、不動産の所有期間によって税率が大きく変化します。たとえば、所有してから5年以下の場合は**短期譲渡所得**となります。譲渡税は所得税と住民税を合わせて、39%にもなります。一方、所有してから5年超の場合には、**長期譲渡所得**となり、所得税と住民税を合わせると20%となります。

代々、地主である浅野さんが建てた物件は5年以上経過しているものがほとんどなので、長期譲渡所得となります。短期譲渡所得よりは税金が安くなりますが、仮に利益が出た場合には、安くない税金が課税されることになります。

「子ども名義の法人だから、譲渡所得がかからないように価格を調整すればいい」と思うかもしれませんが、そうもいきません。なぜなら、課税されないように低い金額で譲渡すると、**みなし譲渡**とされてしまうからです。適正金額と低い金額の差額に対して譲渡とみなされた部分に関しては、譲渡税が課税される可能性もあります。

そして忘れてはいけないのが、個人名義から法人名義になるのでローンの借り換えに関する費用です。融資を受けて賃貸経営している場合、融資している銀行に借り換えを交渉しないといけません。借り換えを行うために、ローンを解約して抵当の設定をし直すことになるため、解約手数料などがバカにならないケースがあります。

浅野さんが自宅の土地にアパートやマンションを建築したのは、やや不動産価格が低くなっていた5年前。時価と比べると1割ほど高くなっていました。譲渡税は約400万円。もちろん、他人に不動産を売却したわけではないため、自分の持ち出しで納税することになりました。一方、借り換えに関する費用は1200万円ほど。

結局、不動産所有法人にしただけで、1600万円ものコストが発生することになりました。非常に手痛い出費です。

しかしながら、相続対策としては、効果がいくつか上がったようです。

長男が株主の不動産所有法人の家賃収入は、役員である長男や長女に役員報酬として支給されることになります。所得が分散することによって、納税時の資金を節税しながら貯蓄できます。

また、不動産は法人が所有しており、法定相続通りに株式で兄妹に配分できます。長男が株式の過半数を所有しているので、経営権を長男が持つことになり、兄妹争いになったとしても、長男が主導権を持って争いを収めることも可能になります。

ただし、浅野さんには、建物と土地を売った時の貸付金があります。この貸付金は相続税評価の対象となり、一時的に相続税が増加します。

選択結果

中策

浅野さんが所有していた不動産を法人に売却し、新たに不動産所有法人を設立。設立コストは1600万円ほどかかったが、不動産所得に課税される税率も下がり、役員報酬として不動産所得の所得分散もできた。

方法3　建物だけを所有する法人にする

浅野さんは、不動産所有法人を設立することにしました。

しかし、不動産すべてを法人に移すのでなく、建物だけを法人に移すことにしました。相続に強い税理士に相談したところ、「土地と建物を法人に移せば税金が高くなり、コストがかかり過ぎる」と指摘されたからです。

「専門家に相談することでコストを抑えることができるのであれば、そうしよう」

浅野さんは、二つ返事で税理士のアドバイスを受け入れることにしました。

長男が株主の法人を設立し、建物部分を法人に売却した場合、どうなるのでしょうか？

建物の売買は、時価で取引されます。ただし、時価といっても、建物の価格はさまざまです。不動産鑑定に基づく市場価格もあれば、固定資産税評価額もあります。また、**帳簿価格（簿価）**というのもあります。一般的には、個人で所有している賃貸用建物を法人に売却する場合には、帳簿価格で売却が行われます。

毎年の減価償却費を差し引いた建物の簿価は、建築した時の価格を上回ることがありません。このため売却益が出ることもなく、譲渡による利益が出ないことから、**譲渡所得税**が課税されることはありません。

もちろん、建物に課税される消費税や登記簿に所有者を記載するための登録免許税、建物を取得した時に課税される不動産取得税はかかります。

法人が建物を買い取るための資金ですが、新設法人なので当然ながら法人に資金がありません。そこで、金融機関や浅野さんからの借り入れで購入します。売買代金を分割払いの家賃収入で返済すれば、節税効果はさらに高まります。売買で建物を法人所有に移せば、法人から子どもが**役員報酬**として受け取ることで、本来の浅野さんの家賃収入を分散させることができます。

建物だけ法人に移すことになるので、土地は、浅野さんが法人に貸す形になります。土地と建物の所有者が異なるので、法人は土地を借りている浅野さんに対し、地代、つまり使用料を支払う必要があります。同族法人だからといって地代を支払わなければ、借地権の認定をされ、法人に多額の法人税が課税されることになります。

しかし、地代を支払うことが法人の負担になる可能性があります。そこで「将来無償でその土地が返還される」届出を提出することで明らかにし、地代の課税を避ける方法を適用します。

また、その土地の評価額から一律20%の評価減が適用されます。つまり、土地の80%を**底地権**として地主が持ち、20%を借地権として法人が持つイメージです。この手続きには、法人と個人の連名で税務署に「**土地の無償返還に関する届出書**」を提出します。

こうして借地権の**認定課税**を避けたら、法人から個人へは地代を支払います。地代は固定資産税の3倍程度で設定します。この程度を支払っておけば、権利金の授受がなくても、借地権の認定課税はされません。

浅野さんが、個人で毎年1億円の家賃を受け取ることになれば、個人の最高税率は非常に高く、半分以上が税金として課税されることになります。その上、相続がスタートすれば、家賃収入で得た現金すべてに相続税が課税されることになります。

法人化することで子ども世代に所得を分散し、子どもはそれを貯金して将来の相続時の納税資金に備えることもできます。

ただし、浅野さんには建物を売却した際の貸付金があります。この貸付金は相続税評価の対象となり、一時的に相続税が増加することになります。

そこで、相続が始まる前に子どもや孫に贈与して、相続税を減らす方法があります。ただし、子どもに債権を贈与する場合には、相続から3年以内の贈与には注意しなければいけません。3年以内の贈与については、相続財産に加算されることになるからです。相続財産に加算されないためには、孫に贈与するなどの対策が必要になります。

他の方法としては、この貸付金を増資して資本金にします。貸付地の評価は額面通りですが、株式の評価額は一般的にはそれより低くなります。

選択結果

上策

長男名義の不動産所有法人を設立。建物だけ譲渡し、土地は浅野さんが所有する。この方式で建物を法人に売却すれば簿価で取引できるため、譲渡税もかからない。購入費用を法人が浅野さんからの借り入れという形で行うため、さらなる節税が可能。または、貸付金を増資する方法で評価減を取ることもできる。

ケース3のまとめ

自用地(更地)にアパートやマンションを建てることで不動産の節税対策がすんだら、今度はそこから上がってくる家賃収入(不動産所得)に対する節税が必要です。

家賃収入から得られる所得は、そのまま預貯金などで保有していても、相続の時に税金として課税されることになります。自分の子どもや孫に残したい大切な資産だからこそ、きちんとした節税対策を考えておく必要があります。

その対策の基本が法人化です。法人化すれば税率が下がりますし、親族を役員にして報酬を支払うことで、所得を分散することができます。ただし、法人が不動産を所有していないと、その所得の大部分を節税することはできません。そのため、法人へ不動産を譲渡(売却)する必要がありますが、この時に譲渡益に課税され、移転に登録免許税、不動産所得税もかかることで、コストが高くなります。そこで、土地と建物をすべて売却するのではなく、建物だけ法人に譲渡する方法がおすすめです。建物だけの譲渡であれば、簿価で譲渡することができ、結果的に移転費用を低く抑えることが可能になるためです。

STORY 3

事業承継の分かれ道

ケース1

家業を継ぐ子どもに遺産を分ける

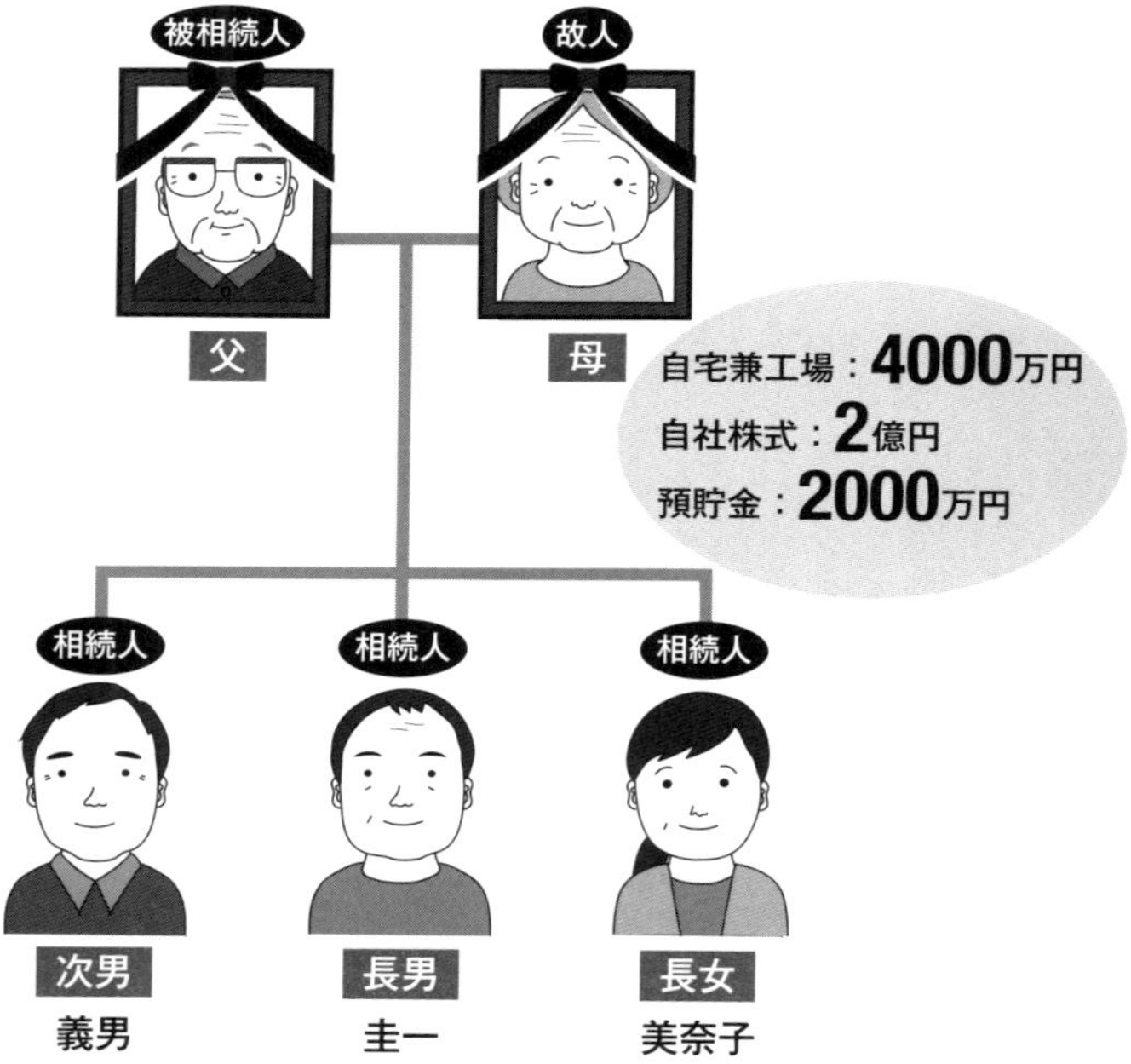

川口家の相続事情

遺産は、自宅兼工場の不動産、自社株式、預貯金。法律通りに三等分すると事業は廃業するしかなくなってしまう。父親の意思を継ぎ、事業を継続するには、どうすればいいのでしょうか？

郵便はがき

料金受取人払郵便

新宿局承認

4967

差出有効期間
平成31年8月
31日まで

1638791

999

（受取人）

日本郵便 新宿郵便局
郵便私書箱第330号

（株）実務教育出版

第一編集部

愛読者係行

フリガナ お名前		年齢	歳
		性別	男・女
ご住所	〒		
電話番号	携帯・自宅・勤務先　　（　　　）		
メールアドレス			
ご職業	1. 会社員 2. 経営者 3. 公務員 4. 教員・研究者 5. コンサルタント 6. 学生 7. 主婦 8. 自由業 9. 自営業 10. その他（　　　）		
勤務先・学校名		所属（役職）または学年	
今後、この読書カードにご記載いただいたあなたのメールアドレス宛に実務教育出版からご案内をお送りしてもよろしいでしょうか			はい・いいえ

毎月抽選で５名の方に「図書カード１０００円」プレゼント！

尚、当選発表は商品の発送をもって代えさせていただきますのでご了承ください。
この読者カードは、当社出版物の企画の参考にさせていただくものであり、その目的以外には使用いたしません。

【書名】お金持ちのためのモメる相続モメない相続

ご愛読ありがとうございます。

今後の出版の参考にさせていただきたいので、ぜひご意見・ご感想をお聞かせください。

なお、ご感想を広告等、書籍の PR に使わせていただく場合がございます（個人情報は除きます）。


……………………該当する項目を○で囲んでください……………………

◎本書へのご感想をお聞かせください

・内容について	a. とても良い	b. 良い	c. 普通	d. 良くない
・わかりやすさについて	a. とても良い	b. 良い	c. 普通	d. 良くない
・装幀について	a. とても良い	b. 良い	c. 普通	d. 良くない
・定価について	a. 高い	b. ちょうどいい	c. 安い	
・本の重さについて	a. 重い	b. ちょうどいい	c. 軽い	
・本の大きさについて	a. 大きい	b. ちょうどいい	c. 小さい	

◎本書を購入された決め手は何ですか

a. 著者　b. タイトル　c. 値段　d. 内容　e. その他（　　　　　　　　）

◎本書へのご感想・改善点をお聞かせください

◎本書をお知りになったきっかけをお聞かせください

a. 新聞広告　b. インターネット　c. 店頭（書店名：　　　　　　　　）
d. 人からすすめられて　e. 著者の SNS　f. 書評　g. セミナー・研修
h. その他（　　　　　　　　）

◎本書以外で最近お読みになった本を教えてください

◎今後、どのような本をお読みになりたいですか（著者、テーマなど）

ご協力ありがとうございました。

実務教育出版の情報はこちらから ――→

●Twitter
実務教育出版第 1 編集部
(@jitsumu_1hen)
新刊やイベント、
気になる情報をつぶやきます！

川口義男さん（40歳・独身）は、メーカーでサラリーマンをしています。

義男さんの実家は、従業員5名の小さな鉄工所。今年、お正月に実家に帰った義男さんは、父親からある相談を持ちかけられました。

「そろそろ、家業を手伝ってくれないかなあ……」

義男さんの父親は、現在70歳。数年前に胃ガンを患ってから、あまり調子が良くないとのこと。義男さんは、子どもの頃から父親の仕事をよく見ていて、不安定な自営業ではなく、安定しているサラリーマンを望んで就職したのでした。

「でもなあ、兄貴とか妹がいるだろ。そっちに頼んでよ」

義男さんには、二人の兄妹がいます。兄の圭一さんは早くから実家を出て、ＩＴ企業に就職し多忙で、結婚してから一切、実家には顔を見せません。妹の美奈子さんも大学を卒業後、メーカーに就職。その後結婚し、現在は主婦として家庭に入っています。

「あいつらは家庭もあるし、難しいんだよ。お前しかいないんだ。な、頼む！」

父親に懇願された義男さんはやむなく会社を辞め、実家を手伝うことになりました。

しかし、義男さんが気がかりだったのは、「兄と妹が自分が工場を手伝うことをどう思っているのか?」ということでした。手伝うのはいいけれども、将来の遺産を分けるときになったら、兄弟同士で争うのはできれば避けたいと考えていたのです。その時はまさか自分の嫌な予感が的中するとは思ってもみませんでした。

それから5年たった頃、父親が工場の中で倒れ、そのまま亡くなってしまいました。父親はふだんから、「俺が亡くなったら、工場はお前が継いでくれ」と言っていたことを思い出し、工場を含めて、父の仕事を引き継ぐことにしました。

母親はすでに他界していたため、法定相続人は義男さん、兄の圭一さん、妹の美奈子さんの3人。

父親の遺産を調べてみると、優良企業だったためか、株式評価が2億円。自宅兼工場の不動産が8000万円になることがわかりました。預貯金は2000万円ありました。

こうしてスタートした相続。義男さんには、いくつかの選択肢がありました。

あなたなら、どの方法を選びますか？

方法1
会社を次男に継がせる
110ページへ

方法2
会社を売却する
114ページへ

方法3
会社を兄弟で分ける
116ページへ

方法1 会社を次男に継がせる

父親は、義男さんが入社するとすぐに、義男さんに経営権を譲渡するために、専門家を交えて、さまざまな作戦を練りました。

専門家から非上場株式は換金しにくいため、売却で現金化して、納税資金を確保したり、分割の資源にしたりすることは難しいと指摘されていたからです。また、高い株価をそのまま放置しておくと、後継する人が資金繰りに困ったり、相続のために株式が兄弟姉妹に分散してしまったりすることがあるのです。このようなことがあれば、事業継続は難しくなってしまいます。そこで、株式の評価を下げつつ、後継者へ株式を早めに移転することが必要になります。

まずは、後継者への株式の早期移転です。自分の会社はきちんと毎年利益を出していたため、株式の評価額は2億円にものぼりました。

そこで、子どもに株式を譲渡しやすくするため、利益を圧縮する対策を立てました。多額の退職金を自分に出したり、含み損を抱えた他社の株式やゴルフ会員権などの譲渡損を計上することで、大きく利益を圧縮し、多額の退職金を父親に出すなどの対策で、３０００万円まで自社株式の評価を下げることに成功しました。

　この評価を下げた自社株式３０００万円を、**相続時精算課税制度**の利用で、義男さんに生前贈与することにしました。相続時精算課税制度を利用すれば、贈与時の税金は、２５００万円まで非課税になります。５００万円分の贈与税は、相続時精算課税制度により税率が一律20%になるので、１００万円となります。

　自宅兼工場は義男さんに継がせることにすれば、小規模宅地等の特例が活用できます。専門家により、特定事業用宅地と評価され、80%の評価減が適用されることがわかりました。これによって、６４００万円の評価減が受けられる予定です。

　さて、これらの対策を練った後の課税される相続財産は、自社株式３０００万円、特定事業用地として評価減80%を受けた自宅兼工場１６００万円、預金２０００万円の６６００万円にまで圧縮することができました。それにより、相続財産に課税される相続税も、約１８０万円まで圧縮できました。また、平成30年度から納税猶予制度も使える見込みとなり、そうなれば株式にかかる相続税は１００%猶予されることになります。

　そして、父親は義男さんが相続後も安定して経営を続けられるように、自宅兼工場と預金の2000万円は公正証書遺言を残すことにしました。

そこで問題になるのが遺留分です。兄と妹の遺留分はそれぞれ、遺産総額の1億3000万円(自社株式3000万円+自宅兼工場8000万円+預金2000万円)の1／6で、それぞれ約2170万円になります。

そこで、義男さんに役員報酬を多めに出し、父親が被保険者の4400万円の終身保険に加入することにしました。その保険金の受取人を長男と長女の二人にしたので、これで相続時の遺産分けでモメずにすみます。

実際、父親が亡くなった後も遺産分割でモメずにすみましたし、何より生前の対策によって相続税を圧縮し、納税資金も確保でき、事業も続けられることに義男さんは満足しています。

利益の圧縮や純資産の引き下げの他にも、会社の株式評価を下げる方法はあります。たとえば、収益が上がっている部門があれば、その部門を分社化して事業を移せば、会社全体の株価が下がることになります。会社を分割することで、株式評価の要素である利益を分散させることができます。

たとえば、義男さん、圭一さん、美奈子さん、それぞれが会社の役員として従事して、後継者としての素質がある場合を想定してみましょう。それぞれの担当部門で分社化して、それぞれの会社の社長に就任させます。これによって会社の株式評価を大きく下げることができるとともに、相続争いを解決することもできます。

逆に注意しなければいけないのが、土地や建物の取得で純資産額を引き下げる方法です。よくあるのが大きな借り入れを起こして、土地などを購入することです。たとえば1億円の借り入れで土地を取得するとしましょう。土地は路線価で評価されるので7000万程度になります。ところが、相続日前の3年以内に会社が取得した土地については、**実勢価格**として評価されることになるので、株価の引き下げになりません。株価を引き下げるためだけで大きな借入をするとその後の経営にも関わってきますので注意が必要です。

選択結果 上策

自社株の評価減対策と小規模宅地等の特例の活用により、相続財産は6600万円まで圧縮することができた。これに課税される相続税は約180万円で、納税資金確保もできている。兄弟の相続対策も行っており、公正証書遺言を残して、万全の体制をとっている。

方法2 会社を売却する

義男さんは、事業を売却することを決断しました。

売却先は取引先です。義男さんが父から引き継ぐことになった会社は、毎年利益を上げ、株価も上がっているため、高く買い取ってもらえると考えたからです。

また、会社を買い取ってもらうことで、納税資金と、兄弟の遺産分けの両方の原資に充てられるだけでなく、事業そのものを継続することができるからです。事業売却を進めるために、商工会議所に事業売却先の企業を選定してもらいました。現在のオーナーである義男さんが、引き続き経営権のない役員として会社に残り、会社の技術の質を維持することが条件です。

同じ製造業で、義男さんの会社の強みを生かしたいという企業が名乗りを上げ、売却が決定しました。さまざまな方法で評価が行われた結果、自宅兼工場も合わせ、最終的に2億5000万円での売却が決まりました。これに預金を合わせた金額の2億7000万円を義男さん、兄の圭一さん、美奈子さんの3人で均等に分割することになりました。

１人９０００万円を手にして、相続税は約４５５９万円。一人当たり、約１５１９万円です。**株式譲渡益**には二割の所得税がかかりますが、相続税の株式にかかる割合は、株式譲渡所得の計算で取得費加算されるため、所得税が減免されます。そして何より事業売却に成功することで、経営権こそないものの、義男さんも父親の仕事を続けられることになりました。

他社に売却されたことで、結果的に経営は安定しました。しかし、父親が苦労して創業した会社が他人の手に渡ってしまったことに対し、義男さんは、「本当にこれで良かったのだろうか……」と自問自答する毎日でした。

その一方で、売却していなければ納税資金の確保も遺産分割も困難を極め、経営もさらに危うくなっていたかもしれないと思うと、やはり売って良かったと思い、悩むのを止めることにしたそうです。

選択結果　中策

事業を売却し、売却益を兄弟で三等分した。１人当たり９０００万円を手にすることになり、相続税は１人当たり１５１９万円を納税した。

方法3　会社を兄弟で分ける

父親は次男である義男さんに事業を継いでほしいという意思を表明していましたが、遺言書がないので、その意思には法的な拘束力はありません。義男さんは、他の兄弟への財産分けを思案していました。

そこで、父親の葬式が終わったのち、兄の圭一さんと妹の美奈子さんも集まって、遺産分割協議がスタートしました。圭一さんは、父親にあまり可愛がられていなかったこともあり、父親の仕事が好きではありませんでした。早く仕事を畳むべきだとも考えていたため、義男さんが事業を継続することに反対していました。

美奈子さんは、義男さんが工場を引き継ぐことには賛成していますが、「遺産は公平に分けてほしい」と言っています。法律通りに遺産を分ければ、1人1億円となります。相続税は約5460万円。1人あたり約1820万円となります。

自宅兼工場、自社株式、預貯金など遺産総額3億円の遺産の内訳は、自社株式の評価額は2億円。非上場株式は流動性が乏しいので、実質的に換金できません。

自宅兼工場が売却できなければ、最悪、納税資金が足りなくなる可能性もあります。

義男さんはそのことを二人に伝えましたが、聞く耳を持ってくれません。逆に「遺産を独り占めしたいのか」と疑われる始末です。

遺産を分けるために、自宅兼工場も売却すれば、実質的には廃業を選択することになります。そこで義男さんは、すべての遺産を共有することにしました。しかし、1／3ずつ相続したことで、小規模宅地等の特例も1／3適用となり、**相続税の納税猶予制度**も活用できず、**延納手続き**を取らざるをえませんでした。

何より自社株もすべて三等分してしまったため、義男さんは今後の経営がしにくくなるのではないかと、不安を抱えています。

選択結果

下策

相続人3人で、財産を均等に分割。小規模宅地の特例を一部活用したが、資産を2000万円程度しか圧縮できず、相続税4820万円を延税した。自宅兼工場や議決権がある自社株式を三等分したため、今後、権利関係が複雑にならないか心配。

ケース1のまとめ

この事例のように、非上場株式会社の自社株の評価は、現在の評価方式ですと、毎年、黒字で収益を内部留保しているような優良企業では、数億円単位の評価がつく場合もあります。しかしながら、上場株式と異なり、その評価額で売却して納税資金に充当させることは、難しいと言えるでしょう。

自社株が高額に評価されることで、相続争いの火種になる可能性もあります。早期に自社株対策を立てておくことが大切です。自社株対策のポイントは、自社株の評価をできるだけ引き下げて、事業を引き継ぐ人に自社株を生前に贈与しておくことになります。自社株の評価を下げる方法としては、評価基準が、会社の配当、利益、純資産の３つによって決められているので、これら３つの数字を下げれば、自社株の評価を下げることができます。事例でも紹介したように、役員退職金を出すなどの対策を行うことで評価を減らすことができます。

事業承継においては、事業を承継する人が、安定して経営しやすいように環境を整えておく視点が必要になります。

メモ欄

ケース2

中小企業の社長が事業を継がせる

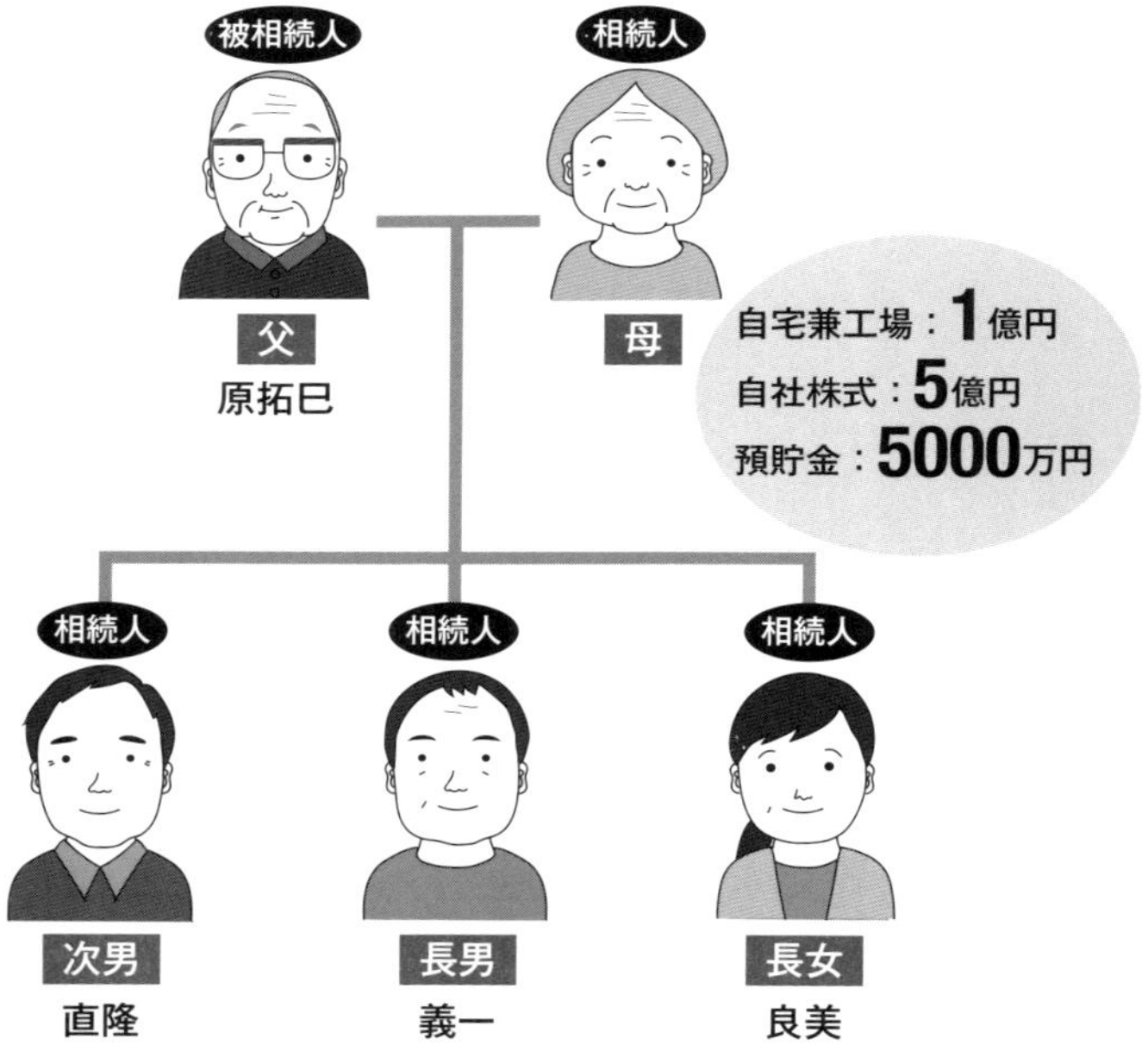

原家の相続事情

拓巳さんは、業界で有名なネジ会社の経営者。コツコツと働いて少ないながらも毎年のように利益を上げていたら、自社株式の評価が5億円に。将来のことを考えて、どのように事業承継をすべきか悩みどころです。

原拓巳さん（65歳）は、都内で従業員が20人の小さな工場を営んでいます。

原さんの会社は、パソコンやスマートフォンに使われる極小ネジのメーカーとして、その業界ではとても有名な会社でした。

原さんの会社の製品が市場の6割を独占している状態で、毎年黒字を出し続けている優秀な会社です。未上場ですが、自社株の評価額は5億円にも上ります。ですから、このまま相続になれば、多額の相続税が課税されることは容易に予測できました。


原さんには、長男の義一さん（35歳）、次男の直隆さん（32歳）、長女の良美さん（28歳）の3人の子どもがいます。原さんは、経理を担当している奥さんと一緒に、現在は工場兼自宅に二人で住んでいます。子どもたちはみな就職し、工場で働いている子どもは一人もいません。

お正月に家族で集まった時、長女の良美さんがこう切り出しました。

「お父さんは、これから会社をどうするの？　このまま一人で工場を切り盛りするのは、大変じゃない？」

子どもたちは、65歳を過ぎた原さんの健康状態を心配しています。

しかし、原さんはそのような話が出ると「健康なうちは俺とお母さんでやるから、心配するな」とさえぎって、話を伸ばしていました。

良美さんの言葉通り、原さんは生涯現役を目指して仕事を続けていましたが、実は65歳を過ぎたあたりから、持病の肝臓が悪くなり、仕事を続けていくことに不安を覚えるようになってきていたのです。

「今後のことを考えないといけない時期になってきたのか……」

原さんは、知り合いの相続税の専門家に自分の現在の資産を評価してもらいました。自宅兼工場は1億円。預貯金は5000万円。しかし、毎年、利益を計上しており、優秀な経営成績を収めているだけあって自社株式は5億円という評価が出たのです。

そんな時、原さんには3つの選択肢がありました。

あなたなら、どの方法を選びますか？

方法1
会社の価値を減らして、子どもに継がせる
124ページへ

方法2
国の制度を使って、子どもに継がせる
130ページへ

方法3
会社を売却する
134ページへ

方法1 会社の価値を減らして、子どもに継がせる

原さんは、5億円もの評価になっている自社株について、相続税の不安を下げてから対策することにしました。

「**自社株対策**といっても、何から始めたらいいのかわからない。まずは勉強だ」と一念発起した原さん。事業承継に関するセミナーに参加したり、本を買ったりして自分なりに学ぶことにしました。そこで、お金をかけずに事業承継で節税するためには、専門家に相談することが大事だと考えました。そこで、顧問税理士に任せるのではなく、相続税に強い税理士に依頼することにしたのです。

税理士は「まず後継者をきちんと決めてください」と言いました。事業後継者が決まらないと事業承継の大きな妨げになるからです。

相続人などの後継者が法人の経営権を承継するときや、第三者からの出資を受けたりする場合には、**議決権株式**の保有割合に注意する必要があります。

たとえば、代表取締役以外の人が2分の1を超える議決権を持つと、代表取締役を

いつでも解任できてしまうというリスクが発生します。

たとえば、代表取締役の長男が40％で次男が30％、長女が30％というように株式を分割して所有させた場合、次男と長女で全株式の2分の1超の議決権を所有することになります。株主が単独で決められる事項の中に「代表取締役の解任」があるため、兄弟同士で仲が悪い場合、代表を解任されてしまう可能性もあります。また、兄弟に会社を継がせようとするときに、議決権株式の保有割合を50％ずつ、均等に相続させると、あまりうまくいかないことが多いようです。このようなリスクを防ぐために、代表取締役になる後継者は、最低でも2分の1超の議決権株式を所有することです。できれば、3分の2以上の議決権株式を持っておくことが望ましいといえます。続いて相続税に強い税理士は、「自社株対策のポイントは、3つです」と言いました。

ポイント①　自社株式評価を下げる
ポイント②　自社株式を後継者に正しく移転させる
ポイント③　納税資金を確保する

まず、ポイント①について。非上場会社の自社株は流動性が低く、ほとんど換金できません。その一方、黒字で優良な中小企業の自社株は価値が高いものです。そのまま相続税が課税されることになれば、当然、納税資金を用意するのも大変ですし、遺産分けにも大きな影を落とします。

原さんの会社も業界シェアが大きく、毎年黒字を出して、内部留保もそこそこあります。自社株の評価額は5億円。自社株の評価を下げることができれば、自社株式の移転もスムーズにできますし、結果的に課税総額を減らすことができるので、納税資金も用意しやすくなるというわけです。

では、どのように自社株式の評価額を減らせばいいのでしょうか?

非上場株式の評価額は、**類似業種比準価額**と**純資産価額**をベースにして評価をしています。類似業種比準価額は、「利益」「配当」「純資産」の3つの比準要素を元に算定することになっています。つまり、この3つの要素を圧縮することによって、自社株式の評価を下げることができるのです。

税理士から詳しく話を聞いた原さんは「なるほど」と頷き、その方法について詳しく聞き始めました。税理士は、おもに2つの方法を提案しました。

「一つは、配当を減らすこと。もう一つは、普通に利益を減らすのは難しいために、資産の見直しをする。そして、社長や奥様に退職してもらい、役員退職金を出すことです」

利益を減らすためには、含み損を抱えた資産を売却することなどが考えられます。中小企業の会計処理では、**含み損**が決算書に反映されていないため、含み損のある資産を売却して損金計上を行い、利益を圧縮します。含み損を抱えた有価証券やゴルフ会員権、アパートやマンションなどの不動産を売却することで会社をスリム化します。

ほかにも、商品の破損や紛失などで発生した在庫の棚卸減耗損を計上したり、試験研究費などの繰延資産の一時償却などを行う方法があります。要するに、日々の負債計上を増やすことが、利益の圧縮につながるのです。

もう一つは、生前退職金を支給することです。それによりその決算期の利益を大きく減らせるだけではなく、純資産も少なくすることができます。

生前退職金が認められる退職には、大きく分けて次の3つのポイントがあります。

ポイント①　常勤役員から非常勤になる（経営から離れる）こと
ポイント②　取締役から監査役になること
ポイント③　退職金支給後の報酬額が50％以下に引き下げられること

この際、完全に引退するのではなく、監査役や相談役という役職に就任することで、死亡時もさらに死亡退職金を支給することにして、相続税の非課税枠を活用することをおすすめします。

そして、退職金は貯金してしまうと相続税の課税対象になるため、子どもや孫に生前贈与したり、一時払いの終身保険への加入資金などに充当すると良いということで、そのアドバイスに従いました。

ちなみに、生前退職金の計算方法は次のようになります。

生前退職金＝最終月額報酬×役員の在籍年数×功績倍率（2〜3倍）

原さんの場合、最終月額報酬が200万円に役員の在籍年数が40年。これに功績倍率を3倍かけた、2億4000万円の生前退職金を出すことにしました。

原さんと奥さんの退職金を出すことで、自社株式の評価額を5000万円まで下げることができました。現金はおよそ5000万円、自宅兼工場は1億円で、課税総額は2億円。これにかかる相続税は、1217万4000円となります。

原さんは、長男の義一さんに自社株式と自宅兼工場を継がせることにし、自社株式を相続時精算課税制度を利用し、贈与しました。自宅兼工場は相続後、小規模宅地等の特例を利用して、節税しながら長男に相続させることに決めました。

一方、退職金で終身保険に加入した保険金で、納税資金をつくるとともに、次男の直隆さんと長女の良美さんにそれぞれ、法定相続分の遺産を残すことにしました。

選択結果 下策

自社株式の評価を下げてから、長男の義一さんに相続時清算課税制度で贈与。配偶者控除を50%までとれば、相続税は1217万円4000円で、預貯金から支払うことができる。しかし、会社は株価対策に多額の負担をすることに。

方法2　国の制度を使って、子どもに継がせる

原さんは、今後のことを考えて、事業を子どもに継がせることにしました。家族の話し合いの結果、次期社長には、長男の義一さんが就任することになりました。

義一さんが最終的に工場を継ぐことになれば、5億円にも上る自社株への相続税が心配になります。

「いったい、どうすればいいんだろう……」

原さんから、**事業承継**について相談された顧問税理士は、次のように答えました。

「ここは、平成30年から改正された納税猶予制度（事業承継税制）を利用したほうがいいと思います。事業を承継する人が、相続や贈与で非上場株式を取得する場合、その株式の100％に相当する額の納税を猶予し、その後免除するというものです」

「自社株に対する相続税の支払いを猶予できるのなら、こんなにいいことはない」

こう考えた原さんは、さっそく、顧問税理士に納税猶予制度を利用した時の相続税の試算を依頼しました。

猶予される納税額は、対象株式の１００％。議決権株式等の全部になります。

義一さんが、５億円の評価のまま自社株を引き継ぐと、相続税は１億７５５０万円にもなります。ところが、納税猶予制度を活用すると、相続税は２４０万円まで圧縮され、１億７３１０万円は猶予されます。

しかし、相続税の納税猶予制度はあくまでも、相続税を猶予するための一時的な処置です。納税猶予制度を適用するには、さまざまな条件をクリアする必要があります。たとえば、経営継承期間といわれる５年間の間に、平均で８割以上の雇用を確保することや、後継者が継続して代表として経営し続けることはもちろん、引き継いだ自社株式の保有も厳しく定められています。

仮に納税猶予制度の適用条件を満たさないということになれば、すべての税額と利子税を合わせて納付しなければなりません。もちろん、納税猶予制度を適用している状態で、贈与税・相続税が免除されるケースもあります。そのためには、後継者が亡くなるとか、経営継承期間経過後に会社が譲渡・合併されたり、破産するなど、会社の存続ができなくなっている状態で評価を再計算し、差額が免除されると言う条件になっています。しかし、相続税の節税に対する根本的な対策は何も行っていません。

さらに問題なのは、原さんが他の子どもたちへの遺産分割について、何も対策を取っていないということでしょう。原さんは、後継者である義一さんにすべて自社株式を相続させようと考えていますが、次男と長女が反対するかもしれません。皆で均等に相続させることになれば、代表である義一さんの経営に兄弟が反対するケースも出てくるかもしれません。

兄弟が株式を譲渡したりして、その配分が変われば、納税猶予制度を適用し続けること自体が難しくなる可能性もあります。また、長男に株式を集中させるための次男と長女の代償金を捻出しなければなりません。

ちなみに、事例で紹介している相続税の納税猶予制度が以前の制度とどのように変わるのか、少し補足しておきましょう。ここでは改正案を掲載します。

今回の制度改正は平成30年1月1日から平成39年12月31日までの、10年間の特例措置になります。ポイントは大きく分けて4つです。

①**猶予対策株式数**の制限（発行済議決権株式総数の2／3）を撤廃し、納税猶予割合を80％から100％に引き上げる。これにより、贈与や相続税負担がない制度に変

更する。

②雇用確保要件として、相続時の雇用8割を維持しなければならないが、改正案では、認定支援機関の助言を受けることで納税猶予を継続できる。

③経営者と後継者の人数が緩和される。改正案では、複数の経営者から1人の後継者へ、または1人の経営者から複数の後継者へ贈与・相続する場合でも適用できる。

④以前の制度では会社を譲渡（売却）や解散した場合、贈与や相続開始の時に評価された評価額により算定した贈与税や相続税を全額納付する必要があった。しかし、改正案では、経営環境の変化となった要素を満たせば、譲渡や解散した時の評価によって贈与税や相続税を再計算して差額を免除する。

選択結果
上策

自社株に納税猶予制度を適用。制度適用前は1億7550万円の相続税が課税されるが、制度適用で240万円まで減額に成功。ただし、将来に渡って制度適用をし続けなければいけないことと、遺産分けで兄弟でモメないよう、工夫が必要です。

方法3 会社を売却する

後継者のいない原さんは、自分一代で会社をたたむことにしました。

「子どもたちもそれぞれ働いているし、よけいな面倒をかけたくない」

それが原さんの考えでした。しかし、会社をたたむことを取引先に伝えたところ、「素晴らしいノウハウや技術力があるのに、たたむなんてもったいない」という会社や、たたむくらいなら会社を買収させてほしい、という企業も少なくなかったのです。

そこで原さんは、奥さんとの将来、さらに従業員を路頭に迷わせたくないという思いから、M&Aで会社を売却することに決めました。業界トップシェアを持つ原さんの会社の買収先には、大手企業も名乗りを上げました。

とはいえ、何から始めればいいのか検討もつかない原さんは、相続セミナーで知り合った、事業承継に強い税理士に相談を持ちかけました。

その税理士は、次のように答えました。

「M&Aには、合併、買収、事業譲渡、資本参加などがあります」

合併……2つの企業が1社になること
買収……会社の株式を第三者に売却すること
事業譲渡……会社の一部の資産や従業員、無形資産などからなる事業を譲渡すること
資本参加……第三者の資本を受け入れること

今回は、買収という形で事業承継をすることになりました。買収とは、買収する企業が、原さんの企業の議決権のある発行済株式を過半数（50％以上）買い取ることをいいます。

買収企業が原さんの会社の発行済株式の過半数を超えると、原則としてその企業の子会社となります。株式を過半数持つことで、役員の選任ができるようになります。さらに3分の2以上（66・7％以上）の株式を買い取ることで、定款を変更したり、組織を変更したりすることができるようになります。

企業買収は、株式の獲得だけではなく、その企業によって将来の資産価値形成に必要な不動産やライセンスなどを買い取るケースもあるようです。

M&Aは、買収先を見つける場合、仲介してくれる会社と契約を結ぶことが一般的です。しかし、すでに原さんには、取引先の会社の中で、買収してくれる会社があったため、さっそく、買収交渉がスタート。

原さんが買収先に求める条件としては、資金力があり、自分の事業分野をより発展して成長させることができる企業を求めていました。創業当時から心血を注いできた事業に本当に価値を見出してくれる企業に買ってもらいたいと考えていたからです。そのため、原さんはいくつかの買収候補先から、原さんの条件に合う企業を一つずつ選んでいき、その結果、ある大手企業を選ぶことになりました。理由は内部留保も厚く、資金力も潤沢であること。自分の会社の強みを活かせる全国的な販路ネットワークを保有していることなどがありました。結果的に、原さんの希望する5億円でM&Aされることになりました。この場合の選択としては、買収か事業譲渡になります。

事業譲渡になれば、事業譲渡の対価は会社に支払われることになり、一定の計算に基づいて利益が出ることになれば、会社には法人税が課税されます。また、事業譲渡により譲渡した資産は、消費税が課税されます。消費税は通常の資産譲渡と同じように課税資産と非課税資産に分けて、消費税の計算を行います。事業譲渡の手続きは、譲渡対象にする資産や負債、従業員や契約などを分けて、それぞれ個別に譲渡の手続きを行います。

事務所の賃貸契約や光熱費、通信費などの契約の名義変更もする必要があります。もちろん、不動産の名義変更では不動産取得税や登録免許税の納税も必要です。このため、同じM&Aの株式譲渡の方法に比べると手続きが煩雑となります。事業譲渡だと手続きが煩雑なので、原さんが選択した方法は、持ち株をそのまま買収先の会社に譲渡する方法でした。株式譲渡益の20％を分離課税されるだけでした。

選択結果

中策

M&Aで会社を売却する。買収先は原さんの会社の価値をよく知っている会社で、5億円での売却に成功。売却益の20％の約1億円の株式譲渡所得税が課税される。課税される相続財産の総額は4億7000万円。これにかかる相続税は、1億8000万円となるが、株式売却資金が納税原資となる。

ケース2のまとめ

平成29年度までは、事業承継税制制度を活用して、贈与税や相続税の納税を猶予させるための条件として、株式の3分の2までで課税額の8割までしか猶予されず、しかも雇用の8割以上の維持をするなどの厳しい条件があり、制度自体の利用が伸び悩んでいました。

たとえば、平成27年では、相続で納税猶予制度を活用した案件は224件、贈与で同制度を利用した案件は270件です。平成30年度の税制改正では、発行済み株式総数の全部、課税価額の100%が猶予の対象となり、使い勝手が改善して、活用する人も増えていくと考えられます。

また、改正案では、承継する後継者も最大3人まで納税猶予が受けられることになったため、ケース1の事例の場合でも、事業を承継するつもりがあれば、兄弟で株式を共有しても活用できるようになります。

STORY 4

遺言書の分かれ道

ケース1

異母兄弟の仲が悪い

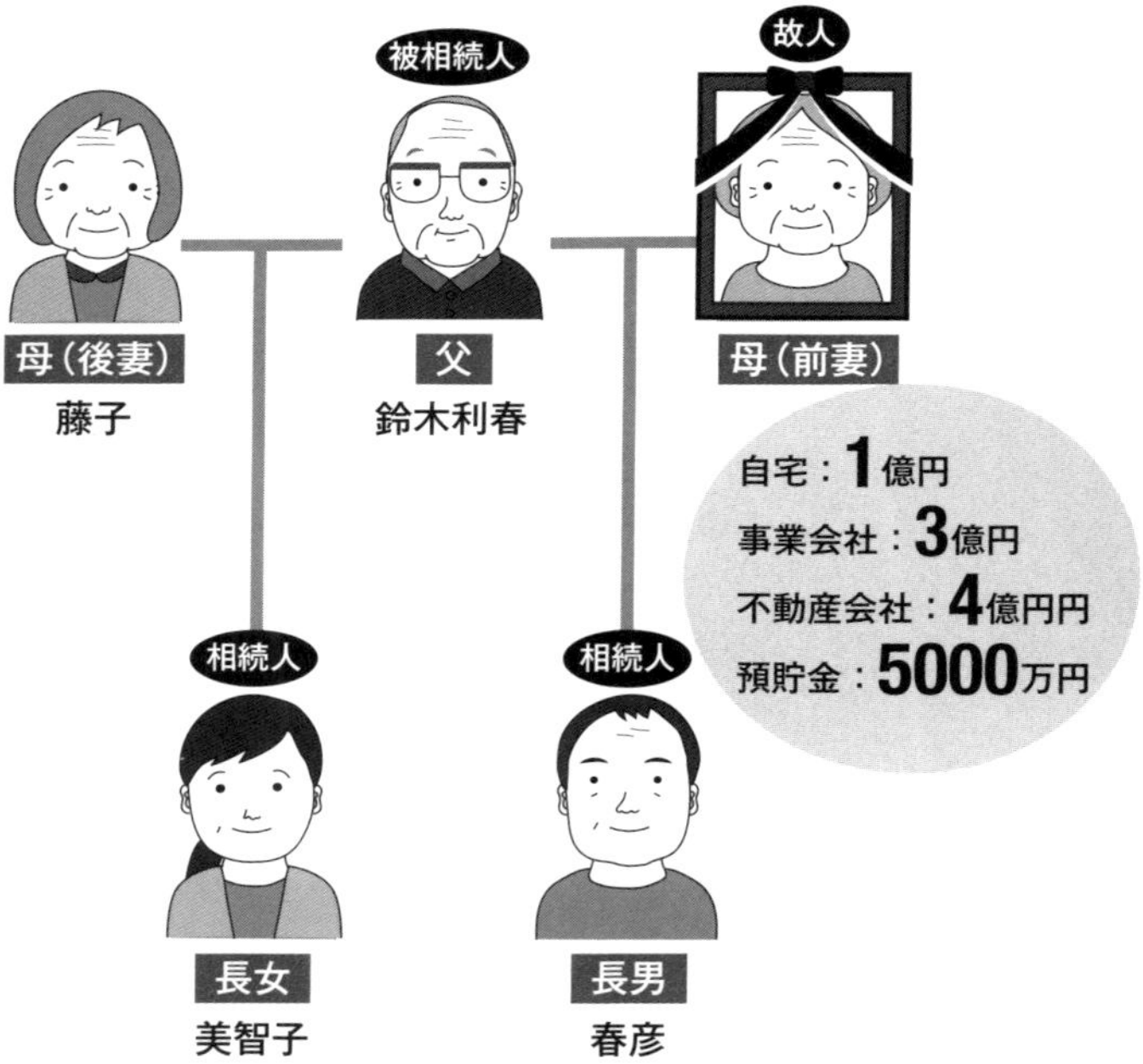

鈴木家の相続事情

先妻の間に生まれた春彦さんは、後妻の間に生まれた美智代さんと藤子さんとの仲が悪く、高い確率で相続争いが起こりそうです。遺言などで誰がどれだけ財産を引き継ぐのか予め決めておく必要があります。しかし、どんな遺言が良いのでしょうか？

鈴木利春さん（80歳）は、地方の資産家出身。自身も、事業を成功させた実業家です。ビジネスの方も、順調に伸びていました。

そんな時、ある不動産業者が資産活用の一環として鈴木さんに提案したのが、アパートやマンションに投資する、不動産投資の提案です。

「いうほど儲からないだろう」と、最初は半信半疑だった鈴木さんでしたが、たまたま良い立地に物件を購入することができ、家賃収入も順調に伸びていきました。こうして、最初から個人で所有せず、法人形態でいくつもの収益物件を所有する大家さんになったのです。

鈴木さんには、若くして亡くなった先妻との間に、35歳になる長男の春彦さんがいました。また、後妻の藤子さんとの間に21歳になる長女の美智代さんもいます。

実は、藤子さんは、鈴木さんの若い頃からの愛人でした。春彦さんは、藤子さんに陰でいじめられており、成人後、すぐに家から出て独立しています。

しかし、鈴木さんとしては、先妻の子どもで、長男でもある春彦さんに事業会社や不動産会社を継がせたいと、春彦さんを事業会社の役員として勤務させていました。

ところが、春彦さんのことをよく思わない藤子さんは、自宅はもちろんのこと、事業会社と不動産所有会社の両方とも、できるだけ多くの資産を相続したいと望んでいました。

鈴木さんが、友人に家庭の事情を相談したところ「鈴木、そのまま放置していたら相続争いが起きそうだぞ。テレビなどで紹介している遺言書でも書いてちゃんと財産を誰に渡すか考えた方がいいんじゃないか」と指摘されました。そこで、鈴木さんも春彦さんと藤子さんの仲が悪いことに薄々気がついていたため、遺言書を書くことに決めました。

鈴木さんの資産は、1億円の自宅に、3億円の評価の事業会社、4億円の評価の不動産所有会社の計8億円です。

鈴木さんが書こうとしている遺言書には、次の3つの選択肢がありました。

あなたなら、どの方法を選びますか?

方法1
自筆の遺言書
144ページへ

方法2
財産を均等に分ける遺言書
146ページへ

方法3
法律のルールに則った遺言書
148ページへ

方法1 自筆の遺言書

鈴木さんは、遺言書を書いた数週間後、脳溢血で急逝してしまいました。異母兄弟の争いが続いている状態で、相続が開始されました。

「利春さんの遺産は、私たち家族が相続します」

初七日の席で、藤子さんは、鈴木さんが生前、自宅および**事業会社**と**不動産所有会社**の株式はすべて自分に遺す、と言っていたと主張し、春彦さんには遺留分相当の約1億円以外はすべて、藤子さんと美智代さんで相続すると伝えてきたといいます。事業会社に入って役員として会社を経営してきた春彦さんにとっては、当然受け入れがたい主張です。

遺産分割の話が平行線をたどる中、四十九日の法要の時になって、藤子さんは鈴木さんの自筆遺言書を持ち出してきました。

その遺言書は、鈴木さんの実印が押されてはいましたが、裁判所の検認を受ける前に開封されており、しかも実は認知症が進んでいた状態の時にパソコンで作成されたものでした。内容はもちろん、自宅および両法人の株式を藤子および美智代に遺す、というものでした。

「どうですか？　ちゃんと、この遺言書に書かれているでしょう？」

自筆証書遺言の場合、法律的に有効になるのは自筆の遺言書のみ。ワープロで書かれたものは無効になってしまいます。また、裁判所の**検認**を受ける前の遺言書を勝手に開封してしまうと5万円以下の罰金を科される可能性があります。形式的にも不備で、しかも作成時に遺言能力がないため、遺言書が無効だとする春彦さんとの間で話し合いがまとまらず、最終的に家庭裁判所に申し立てることになってしまいました。

選択結果

下策

自筆遺言書の形式が無効だとして、遺産分割内容で争い、家裁への申し立てとなった。

方法2 財産を均等に分ける遺言書

鈴木さんは、脳溢血で亡くなってしまいました。

しかしその後、遺言書を探していると、鈴木さんが、法的に有効な遺言書を公正証書遺言として残していたことが判明します。

さっそく、その遺言書の中身を藤子さん、美智代さん、春彦さんが、それぞれ確認してみることにしました。

藤子さんと春彦さんが、ほぼ同時に口を開きました。

「……これは、とうてい納得できない」

遺産分割の内容は、「事業会社と不動産所有会社の3社の株式を春彦さんと美智代さんに均等に相続させる」というものでした。つまり、会社は二人の共有財産となることが記されていたのです。利春さんは、法定相続分通りにしておけば不満も出ないだろうと甘く考えていたのでしょう。

遺言通りに、春彦さんと美智代さんは株式を均等に持ち合っていますが、共同で事業をできる信頼関係など、もちろん構築されていません。

春彦さんは長年本業を経営してきた実績もあり、それぞれ単独の支配会社とするため、事業会社は自分が引き継ぎたいと考えています。

一方、美智代さんは経営のことはまったくわかりませんが、母親の藤子さんがいるため、共有した株式を渡す意志はなさそうです。春彦さんとしては、不動産所有会社は美智代さんに譲る気持ちがあるものの、美智代さんや藤子さんが応じなければ、どうにもならない膠着状況が続くことになります。

選択結果

中策

自宅および預貯金は藤子さん、会社を春彦さんと美智代さんの二人で共有で持ち合うことになった。相続税は、2億2627万円。納税資金を確保するために、不動産会社が所有する物件を売却して納税資金を調達した。

方法3 法律のルールに則った遺言書

鈴木利春さんは、事業会社は春彦さんに、自宅および不動産所有会社は藤子さんと美智代さんに、という内容の公正証書遺言を作成しておきました。

公正証書遺言をつくるためには、証人が二人必要です。もちろん、証人には客観性が求められるため、子どもなど相続人になる可能性のある人や公正証書遺言を作成する公証役場の関係者などはなることができません。鈴木さんの顧問弁護士とその事務所の法律家に証人を依頼しました。そして、証人とともに、公証役場に行き、公証人と証人の間で遺言内容を伝えました。遺言内容は、次のようなものでした。

春彦さんには事業会社を、藤子さんと美智代さんには自宅家屋と不動産会社を相続させると決めていましたが、どちらにもかなりの相続税が課税されてしまいます。

そこで、節税のために自社株の評価を下げることにしました。まずは事業会社です。社長を春彦さんに交代させ、自分には役員退職金を出したり、ＡＩ事業や仮想通貨事業に進出するため、設備投資を大きく計上したのです。一連の節税対策により、事業会社の株式評価は1億円まで減らすことができました。

次に不動産会社です。新たにアパートやマンションを購入するとともに、生命保険を活用して、株式評価下げを行いました。注意しなければいけないのは、法人が取得する不動産の評価は、取得後3年間は取得時の価格で評価されることです。

次に、生命保険の契約を法人にして、被保険者を役員にします。保険料は損金に算入することで、利益の繰り延べができます。資金に余裕があるので、複数の生命保険に加入します。生命保険には掛け捨てや解約返戻金が出るタイプなどいろいろありますが、この場合は退職金の積立も目的になるので、解約返戻金のあるものを選びます。

選択結果
上策

相続税の負担も減り、長男である春彦さんが事業会社を相続。長女である美智代さんが不動産会社、母親の藤子さんが自宅家屋をそれぞれ相続した。

ケース1のまとめ

仲の良くない異母兄弟で遺産を分ける場合は、何かとモメがちです。特に今回のケースのように、仲の良くない継母とその子どもVS先妻の子どもというケースでは、大きな争いが予測されます。

モメないための大前提として「遺言書」は必須ですが、遺言書には残す側の思い込みも含まれていますから、それが残された人たちの間で新たな火種になる可能性も少なくありません。まずは「誰に何を相続させるのか」をきちんと考えることからスタートしましょう。

この時に注意すべきポイントは「平等よりも公平を意識する」こと。分けにくい不動産を共有にしたり、会社を共有にしたりしては、平等がきっかけで新たな争いが勃発してしまいます。

誰にどれだけ分けるのかが決まったら、次に「正しい方法で遺言を残す」ことです。法律的に正しくない遺言書の存在が、兄弟間の新たな争いのきっかけになっている相続例は少なくないのです。専門家に相談しながら作成しましょう。

自分の死後、モメるところを見たくないというのであれば、節税策を活用しながら、生前贈与も検討すべきです。

メモ欄

ケース2

子どもがいない相続

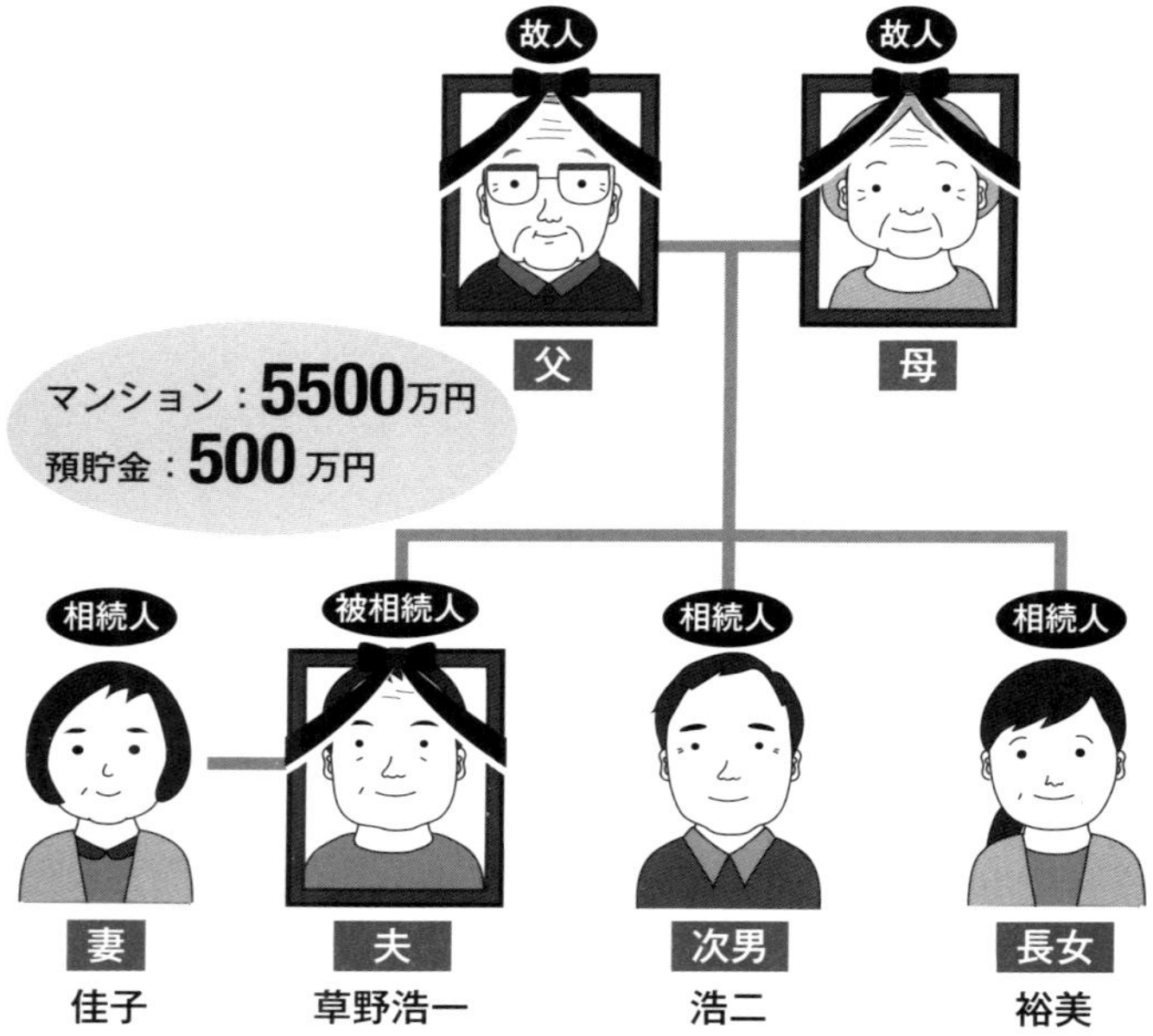

草野家の相続事情

浩一さんと佳子さんの間には、子どもと両親がいないが兄弟は健在。このため相続が発生すると、浩一さんの兄弟に遺産分割しなければいけなくなります。法定相続分は1500万円。どう分ければよいでしょうか？

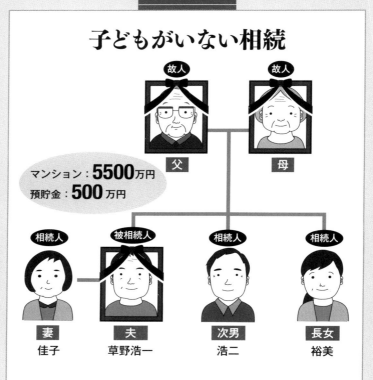

草野浩一さんは、現在45歳。妻の佳子さん（38歳）と二人暮らしです。子どものいない草野さん夫婦は、都内にマンションを購入。悠々自適に、夫婦二人での生活を楽しんでいました。

浩一さんは、自分が亡くなった後のことをまったく考えていないわけではありませんでしたが、「子どもがいないのだから、自分の財産は配偶者が全部相続するだろう」と、軽く考えていました。

そんなある日の夜、浩一さんは自宅で急に胸が苦しくなり、そのまま倒れて亡くなってしまいました。死因は大動脈瘤破裂。いわゆる突然死です。

突然パートナーを失った悲しみに浸る間もなく葬式を終え、ひと息ついた佳子さんのところに、浩一さんの弟から遺産分割の連絡がありました。

佳子さんは、浩一さんが購入したマンションはすっかり自分のものになると考えていたため、とても驚きました。

弟妹は、「自分たちにも兄さんの遺産をもらう権利があるはずだ」と言うのです。

確かに、被相続人に子どもがおらず、被相続人の両親が死亡している場合、相続の次の順位は兄弟姉妹、つまり、被相続人の弟と妹になるからです。

浩一さんは遺言書を書かずに亡くなってしまったため、遺産は、法律に基づいて分けるべきだと弟妹は主張しています。

佳子さんは、もともと私たち夫婦で築いてきた貴重な財産なのだから、夫の弟や妹に遺産が分割されるなんて馬鹿馬鹿しいと思っていました。しかし、市役所の法律相談所などで相談をしても、弟や妹にも遺産を分ける必要があるということでした。戸惑いを隠せない佳子さんでしたが、遺産分割のためには、夫の遺産の評価をしなければなりません。専門家に依頼して夫婦の財産である自宅の評価に踏み切りました。

佳子さんが調べてみたところ、浩一さんの遺産は評価額５５００万円のマンションと、５００万円の預貯金だけでした。

佳子さんには、次のような選択肢が残されています。

あなたなら、どの方法を選びますか？

方法1
見つかった遺言書で分ける
156ページへ

方法2
お金に換えて遺産を分ける
158ページへ

方法3
話し合いで分ける
160ページへ

方法1 見つかった遺言書で分ける

「あっ、こんなところに、こんなものが！」

佳子さんは葬儀後、浩一さんの遺品を整理している時に遺言書を見つけました。万が一のことを考えて、浩一さんが作成した自筆証書遺言が出てきたのです。

佳子さんも浩一さんの弟妹と一緒に、家庭裁判所に遺言書を持っていき、開封と検認を行いました。すると、遺言書には、次のように書かれていたのです。

「自宅のマンションと預貯金５００万円は妻、佳子に相続させる」

兄弟には遺留分がありません。遺留分がなければ、遺言書ですべての財産を配偶者に遺言で遺贈することができます。

弟妹は、浩一さんの遺産を分けてもらえるものと思っていたようですが、遺言書が出てきて、すべての財産を配偶者である佳子さんに相続させるとあり、がっくりと肩を落としていました。

「遺言書がなかったら、大変なことになっていたかも……」

虎視眈々と自分たちの財産を狙っている兄弟には気をつけなければいけないと改めて思ったそうです。最後に気になるのは相続税ですが配偶者の税額の軽減によって、相続税はゼロになりました。

住宅ローンの残債は、浩一さんがローンを組むときに入った団体信用生命保険から支払われるとのこと。幸い、保険金で全て残債がなくなり、自宅は無事に佳子さんのものになりました。

万が一のことを考え、準備をしてくれていた浩一さんに、佳子さんは日々、感謝しています。

選択結果
上策

浩一さんが自分で書いた自筆証書遺言を見つけ、全財産はすべて配偶者である佳子さんのものに。小規模宅地の特例の軽減によって、課税される相続税はゼロ。さらに兄弟の相続には遺留分を考慮しなくて良いことになっています。

方法２　お金に換えて遺産を分ける

「二人で買った家だけど、名義は浩一さん。ルール通りに分けるしかない……」

佳子さんは、弟妹の主張するように、民法で決められた法定相続分で浩一さんの遺産を分けることを決めました。配偶者と兄弟の遺産分割の割合は、配偶者は３／４。兄弟は遺留分はありませんが、１／４になります。

配偶者である佳子さんは４５００万円、浩一さんの弟妹は一人７５０万円ずつを相続することになります。しかし、浩一さんの遺産は、自分の住まいのマンションのみ。弟妹に分けられる現金は５００万円しかありません。遺産を分けるためには、どうしても１５００万円以上の現金が必要になります。

「どうしよう。渡すことができる現金がないのだから、現金ができるまで待ってもらうか、減額してもらうように相談してみるしかないわね」

四十九日が終わって落ち着いた頃、佳子さんは、浩一さんの兄弟に相談しました。

「でも、私たちも生活が苦しいので……」と、なかなか取り合ってくれません。

困った佳子さんは、以前、相談に乗ってもらった弁護士に事情を話しました。弁護士も佳子さんに同情してはくれましたが、法律的には「『妻にすべての財産を残す』という遺言書がなければ、兄弟姉妹に遺産を分けなければいけない」とのこと。相談しても事態が解決しないことに、佳子さんは泣き崩れてしまいました。

マンションを売却して、金銭にして分割する方法を**換価分割**といいます。1500万円の現金は、マンションを売却しなければ捻出できません。佳子さんは泣く泣く、自宅のマンションを売却。弟妹に法定相続分の遺産を分けることになりました。

共同相続人が兄弟姉妹の場合は遺留分がないため、遺言があれば妻に夫の遺産全部を相続させることができます。遺言がないだけで、大きく結果が変わってしまいました。

選択結果 下策

マンションを売却して換価分割の1500万円を得て、兄弟に遺産分けをした。それにより、佳子さんは住む家を失ってしまった。配偶者が自宅を相続してから売却し、配偶者は小規模宅地の特例も受けられるため、相続税負担もなくなる。また、譲渡所得でも3000万円の特別控除が受けられる。

方法3 話し合いで分ける

佳子さんは、浩一さんの兄弟と話し合い、遺産分割協議で分けることにしました。

浩一さんの遺産は、5500万円のマンションと預貯金500万円のみ。法定相続分で分けると、佳子さんはマンションを売却して、分割をする換価分割しか方法がなく、住むところを失ってしまうということを浩一さんの兄弟に伝えました。

浩一さんの兄弟には、それぞれ750万円分の法定相続分があります。兄弟には遺留分はありません。もちろん、代償金を支払う余裕もありません。

そのことを浩一さんの兄弟も最初は納得していないようでしたが、さすがにマンションを売れ、とまで言うつもりはなかったようです。そこで、現実的な遺産分割の方法を話し合うことにしました。しかしながら、話し合いは平行線をたどり、いつまで経っても決着がつかない状態になってしまいました。

浩一さんの兄弟の方からは、マンションを共有名義にしたいという提案ももらっていますが、共有名義にすれば、兄弟の子どもや孫が相続していって、権利関係が複雑になるだけです。とてもまともな意見ではないと思ったので、提案を拒否しました。

また、共有名義にすれば住んでいない弟と妹には相続税が課税されます。そのことを伝えたら、共有名義にするのは諦めたようです。しかし、依然として自分たちの取り分を主張してきます。

このまま膠着状態が続いてもラチがあかないと思った佳子さんは、やむなくマンションを担保にお金を借り、兄弟二人にそれぞれ750万円ずつ、支払うことになりました。せめてもの救いは、配偶者が小規模宅地の特例を受ければ、この事例では相続税は課税されないこと。自宅を取り戻すために、佳子さんは新たに就職することに決めたそうです。

選択結果 中策

遺産分割協議でマンションを担保にしてお金を借り、法定相続分の750万円をそれぞれ夫の兄弟二人に支払った。マンションは売却することにならなかったが、1500万円の借金を負ってしまったのは痛かった。

ケース2のまとめ

夫婦で子どもがいない場合、困ってしまうのが相続です。子どもがおらず、両親が健在だった場合、両親を含めた相続を考えなければいけません。子どもも両親もおらず、兄弟姉妹がいる場合は、兄弟姉妹を含めた相続を考える必要があります。

基本的な対策としては、遺言書を残すことです。両親が相続人になる場合には遺留分を考える必要がありますが、兄弟姉妹には、遺留分はありません。

遺産額が少ない場合は、1億6000万円までは相続税がかからない配偶者の税額軽減を活用して、相続税を節税しましょう。

子どもがいない夫婦の方は、子どもがいないと次に誰が相続をするのかということをシミュレーションしておくべきかもしれません。配偶者の将来のためにも、きちんと調べて、最良の方法を選びたいものです。

メモ欄

ケース3

愛人に財産を分ける

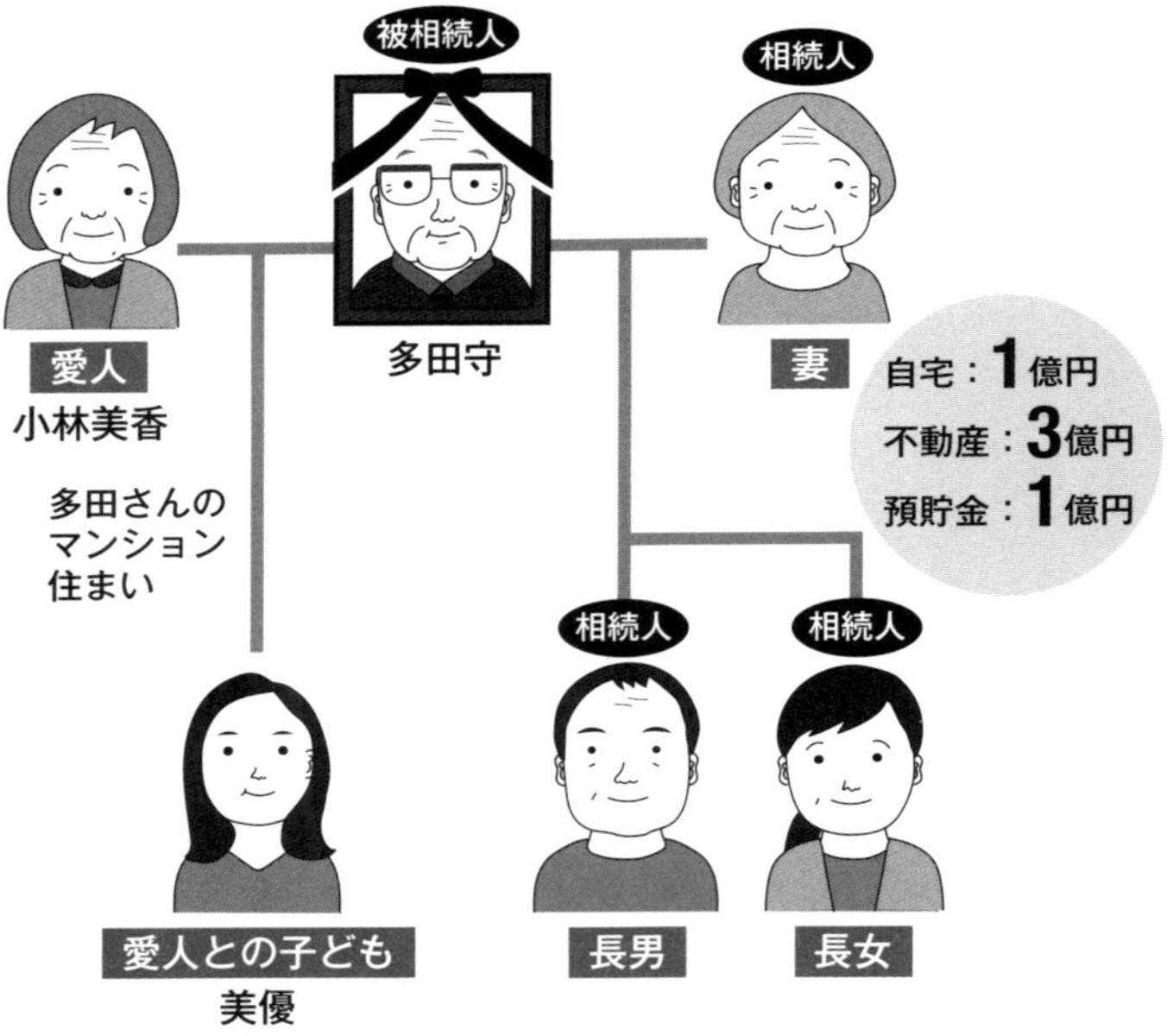

小林家の相続事情

多田さんのマンションに住んでいる小林さん親子。マンションも多田さんの遺産なので、遺産分割の対象に。遺産が分割されて、住む家がなくなることもあります。一体どうすればいいのでしょうか？

小林美香さんは、会社を経営している62歳の多田守さんの愛人です。

守さんは、親から引き継いだ遺産を元に、若い頃から不動産事業や飲食店事業を展開していました。美香さんは、もともと守さんの会社の従業員として働いていましたが、ビジネスの能力を買われて、守さんと懇意になりました。

守さんには、高校の同級生だった妻との間に2人の子どもがいたのですが、その頃、妻とはすでに別居状態になっていました。このため守さんは、美香さんと頻繁に会うことが多くなっていきました。

美香さんは、守さんの家庭状況を詳しく知りませんでしたが、「時が来れば、きちんと話してくれるだろう」と考え、特に守さんに問い詰めたりすることはありませんでした。関係が一定しない状態でお付き合いが続き、すでに20年が経っていました。

美香さんと守さんの間には、20歳になる美優という女の子もいます。近々美香さんが多田さんに働きかけて、美優さんを認知してもらうことになっていました。守さんは、美香さんと美優さんを、自分名義のマンションに住まわせていました。

「俺が亡くなったら、今住んでいるマンションは美優にあげるからな」

守さんは、常々そんなことを言っていました。そんな折、多田さんが営業先で突然、倒れ、そのまま亡くなってしまいました。悲しんでいる間もなく、相続がスタートしたのです。

多田さんには、配偶者との間に子どもが2人います。守さんの長男が調べてみると、守さんの財産には次のようなものがありました。

自宅が1億円、美香さんが住んでいるマンション7000万円を含む不動産が3億円、預貯金などで1億円です。

守さんの財産を相続した子どもから、美香さんは、マンションの立ち退きを迫られました。守さんが亡くなってしまえば、美香さんが相続する財産もありません。住んでいるマンションはあくまでも多田さんの名義で、自分の財産ではありませんでした。「これから私たちは、一体どうなってしまうのかしら?」。長年住み慣れた家を奪われることになってしまった美香さんはさすがに不安を隠せません。

先行きが不透明になってしまった美香さん親子。もっと早く相続対策を実行していれば良かったのですが、時間を巻き戻せるのであれば、どのような対応をすべきだったのでしょうか?

あなたなら、どの方法を選びますか？

方法1
愛人の子どもを認知して法律通りに分ける

168ページへ

方法2
愛人の子どもを認知して贈与する

170ページへ

方法3
法律通りに分ける

172ページへ

方法1 愛人の子どもを認知して法律通りに分ける

守さんの葬儀が終わった後、長男から美香さんに、次のような連絡がありました。

「小林さん、相談なんだけど、今住んでるマンションを立ち退いてくれないかな……」

美香さんは、その話を聞いてびっくりしました。

「美優にも相続の権利があるのに、なぜ立ち退かないといけないの？」

非嫡出子でも、認知されていれば法定相続人になることができます。

これまで、非嫡出子の相続分は「婚外子の相続分は法律婚の半分にする」という規定がありました。しかし、平成25年9月4日に最高裁により、この規定は「違憲」の判断が下されました。これにより、同年12月に嫡出子と非嫡出子との相続分が同じになる法律が成立したのです。

この法律によって、平成25年9月5日以降に開始した相続から、嫡出子と非嫡出子の相続分が同じになることが決まりました。なお、平成13年7月1日から平成25年9月4日までの間にスタートした相続分についても、遺産分割審判が確定した場合や遺産分割協議が成立した場合を除き、嫡出子と非嫡出子の相続分が同じになることが決められています。

美優さんは、DNA鑑定により**死後認知**してもらうことにしました。

守さんの遺産総額は、不動産と預貯金を合わせて4億円。守さんには、配偶者と子ども2人、そして非嫡出子の美優さんがいます。美香さんは法定相続人ではありませんから、遺産はゼロとなります。配偶者が2億円を相続し、残りの2億円を子どもたち3人で分けることになります。結果一人当たり5000万円の財産を相続することになりました。

選択結果
中策

現在住んでいるマンションは、相続分以上で取得できず。相続分である5000万円の現金で、他の場所に引っ越すことになった。

方法2 愛人の子どもを認知して贈与する

守さんは、美優さんを認知した後、美優さんに財産を確実に残すために、相続時精算課税制度を利用してマンションを贈与しました。

ただし、贈与として受けるマンションは、ローンが2000万円ほど残っていました。ローンが残ったまま財産を贈与することは、プラスの財産とマイナスの財産（ローン）の両方があるので「負担付贈与」と呼ばれています。

ただし、このままローンを返済しないで贈与をすると、節税面から見てもあまり良くないという判断に至りました。負担付贈与の場合、贈与の金額はマンションの実勢価格からローンの残高を差し引いた金額になります。マンションの相続税評価額は7000万円ですが、時価は1億円です。そこからローンを差し引くと8000万円の贈与となります。相続時精算課税制度の特別控除2500万円を利用すると5500万円。これに20％の贈与税が課税されることになります。すると、結果的に贈与税が高くなってしまいます。そこで、ローンを全て完済してから、贈与することにしました。

2500万円の特別控除が活用できるというメリットだけでなく、ちょうど地価が下がっていたこともあり、相続時に値上がりをしても、贈与した時の価格で評価されるので、メリットがあることがポイントです。

相続税評価額が7000万円のマンションを、相続時精算課税制度を利用して贈与する場合、特別控除を差し引いた4500万円に20％の課税がなされます。

結果的に900万円の贈与税が課税されましたが、相続税の申告をすれば、還付される可能性もあります。何より相続時精算課税制度を利用すれば、遺産分割協議での「争族」の回避策にもなります。

その後、守さんは急死してしまいますが、美香さんと美優さんが住んでいるマンションはすでに贈与されているため、遺産分割協議で争ってまでマンションを取ろうとはしませんでした。現在も親子で仲良く暮らしているといいます。

選択結果

上策

相続時清算課税制度を活用して、美優さんに生前贈与。900万円の贈与税が課税された。

方法3 法律通りに分ける

守さんが亡くなり、葬儀が終わった後、守さんの長男から美香さんに、遺産分割についての連絡が入りました。

「小林さん、申し訳ないんだけど、親父も死んだことだし、今、住んでいるマンションをすぐに引き払ってくれませんか？」

婚姻関係にない、男女の間に生まれた子どもは、非嫡出子と呼ばれます。非嫡出子は、認知されることで初めて法定相続人になることができます。

守さんが美優さんの認知の手続きをすませる前に亡くなってしまったので、美優さんは法定相続人になることができません。

守さんが生前に「俺が死んだら、このマンションは美優にあげる」と約束していたとしても、認知していなければ、美優さんが相続人になることはできません。

「もっと早く対応をしていれば」と悔やんでも悔やみきれない状況に追い込まれてしまいました。

結局、美香さん親子には、守さんの遺産は何も相続できないという状況になってしまいました。

専門家に相談しても、相続人でない美優さんが、守さんのマンションにいるわけにはいかないという回答でした。そのまま居続けて、抗議をしようなどと考えたりもしましたが、周囲の人に諭されて諦めることにしました。結局、守さんの配偶者と子どもで、守さんの遺産分割が行われました。美香さん親子は、泣く泣く、住み慣れたマンションを退去することになってしまったのです。

選択結果

下策

美優さんが守さんの子どもとして認知されているかいないかが、大きな分かれ目。認知されていなければ法定相続人にはなれず、遺産が分割されることはない。このため、マンションを追い出される可能性もある。

ケース3のまとめ

婚姻関係のない者同士の間に生まれた子の場合、認知されているかいないかが、大きな分かれ目となります。

認知されていれば、相続人として遺産分割協議に参加することもできます。

特にこの事例のように、被相続人の財産に住んでいるような場合は、相続がスタートすることになれば、住まいを追われることになりかねません。

愛人側の立場からすれば、自分たちの身を守るためにも、婚外子は認知してもらった方が良いことは言うまでもありません。また、遺産分割で揉めないためにも、遺言書を事前に残してもらうか、争いに巻き込まれたくなければ、生前に財産を贈与してもらうことが次善の策です。

メモ欄

ケース4

仲の悪い兄弟姉妹で親の不動産を分ける

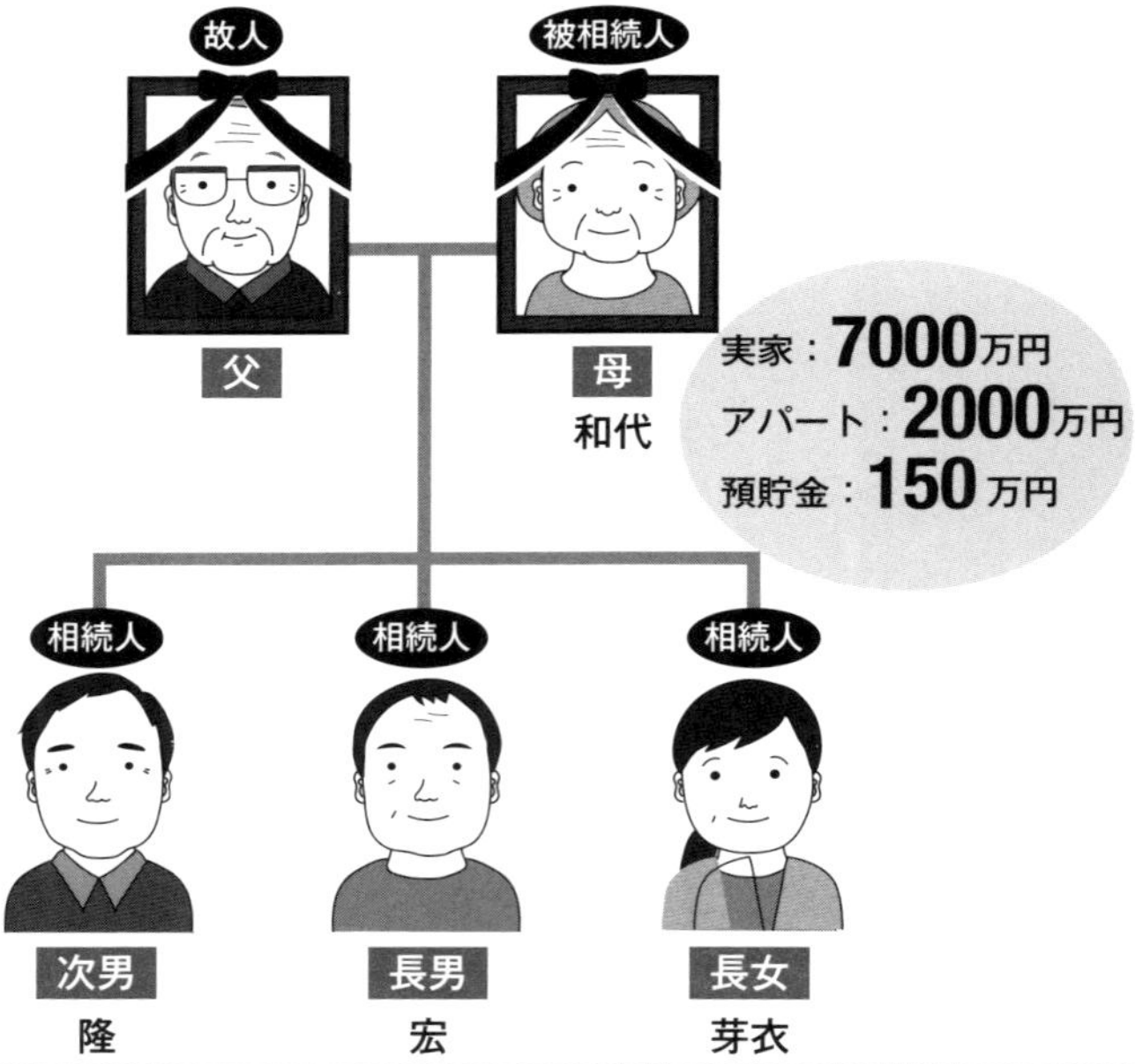

川田家の相続事情

母親と長女は実家で同居をしていました。その後、母親が認知症にかかり、その介護に非常に苦労することに。最終的に長女は認知症の母親を施設に入れたことで、長男と次男は遺産の配分に文句をつけています。

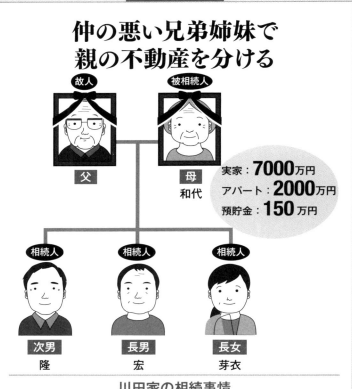

相続するための資産が多くても少なくても、兄弟姉妹の仲が悪い場合、往々にして相続争いが起こりがちです。本人同士が納得できるように遺産を分けないと、相続がきっかけで兄弟姉妹同士が絶縁状態になってしまうケースも珍しくありません。

川田芽衣さんの相続も、親の介護やそれによる感情のもつれから、遺産分けで「争族」になってしまう可能性が非常に高い案件でした。


芽衣さんは、長女で独身の44歳。現在は80歳の母親、和代さんと同居中。父親はすでに他界しています。

50歳の兄、宏さんは結婚後、男女2人の子どもに恵まれ、サラリーマン生活を続けています。弟の隆さんは、46歳の自営業。妻と子ども2人で暮らしています。

母親の和代さんは、保険会社の優秀な営業ウーマンとして活躍し、70歳の時に定年退職しました。ところが、退職してすぐに認知症にかかってしまいました。

そのうち芽衣さんが自分の娘であることを忘れてしまったり、徘徊が目立ったりして認知症が進行していきましたが、芽衣さんは、一生懸命看病を続けました。兄弟にも助けを求めましたが、二人とも多忙を理由に相手にしてくれませんでした。

そのうち、母親の徘徊がひどくなったため、芽衣さんは泣く泣く介護施設に入ってもらうことを決意しました。

ところが母親は入所後、わずか3か月で誤嚥性肺炎にかかり、亡くなってしまったのです。母親の和代さんは、退職後すぐに認知症にかかってしまったため、遺言書などありません。

母親の介護問題で兄弟との仲も微妙になっていた頃、相続がスタートしました。

母親の資産を調べると、都内の自宅が路線価評価で7000万円、父親から母親が相続した地方にあるアパート2000万円、預貯金が5000万円ということがわかりました。

これらの遺産を分けるのに、芽衣さんには次の三つの選択肢がありました。

あなたなら、どの方法を選びますか？

方法1
遺言書で分ける
180ページへ

方法2
親の自宅を皆のものにする
182ページへ

方法3
お金に換えて分ける
184ページへ

方法1 遺言書で分ける

相続争いを避けるため、芽衣さんは母親に、退職して元気なうちに遺言書を作ってもらうようにお願いました。遺言書が正しい効力を発揮して相続問題が起こらないように、公正証書遺言に決めました。

内容は、「自宅は芽衣さんが相続、アパートは管理している兄が相続、預貯金は弟が相続する」というもの。弟がもらう遺産が極端に少なくなりますが、遺留分は侵害していないため、問題はありません。しかし、相続する遺産が少ない弟としては、気分的に面白くないことも事実。そこで、芽衣さんは母親と相談して、弟を受取人とする1000万円の生命保険に加入することにしました。

しばらくして母親が認知症になり、芽衣さんは、母親の意向通りに介護のために仕事をやめ、母親の面倒を見ていました。しかし、一人で介護するのにも限界がありました。兄弟にも協力を依頼しましたが、何度伝えても誰も協力してくれないため、とうとう限界を迎えてしまいました。

母親は認知症のケア施設に入所後、しばらくして体調が悪化。そのまま亡くなってしまいました。続いて相続がスタートします。

芽衣さんから公正証書遺言があることを告げられ、遺言書の内容が兄弟に伝えられます。弟は不満げな様子でしたが、合計1000万円の現金が手元に入るとあって、機嫌も収まったようです。

こうして、芽衣さんは自宅を持つことができました。現在は、自宅を担保にしてお金を借り、リフォームして快適に過ごしています。兄弟も結果的に仲違いすることなく、関係を保っているそうです。

選択結果
上策

自宅は、他に住む場所がない芽衣さんが相続。アパートは、管理している兄が相続し、それぞれ小規模宅地等の特例と貸家建付地評価減を活用することで、相続税が課税されない。相続によって、不動産を得ることができない弟の隆さんには、母親の死亡保険金が1000万円入ることになった。

方法2 親の自宅を皆のものにする

遺産分割協議が紛糾し、このままではラチがあかないと考えた芽衣さんは、ひとまず自宅とアパートを共有し、預貯金を三等分することに決めました。

芽衣さんは、引き続き母親と一緒に住んでいた実家に住むことになりました。相続税の申告もなんとか申告期限に間に合い、自宅は「小規模宅地等の特例」の評価減を適用することができました。ただし、自宅に同居していない兄と弟には、その特例は使えません。アパートは貸家建付地の評価を受け、約206万円の相続税ですませることができました。

しかし、喜びもつかの間、自営業のため現金がほしい弟の隆さんが、芽衣さんに自宅の売却を迫るようになりました。

それに加え、「姉さんは、生前母の年金を生活費として受け取っているだろう。だから遺産をもらう資格はないよ」などと言ってくるようになりました。アパートの家賃をめぐる争いも勃発し、兄弟仲は最悪になってしまったのです。

さらに、自宅に気になる問題が発覚しました。木造の自宅は、すでに建40年以上経過しており、あちこちにシロアリの被害が出ていました。建て直ししようにも、芽衣さんにはその費用がありません。かといって、共同所有者である兄弟には相談できる状態ではありません。

兄弟で相続が発生すれば、自宅の共有持分は兄弟の子どもや孫に相続され、さらに権利関係が複雑になっていきます。自宅を売るに売れず、芽衣さんは苦しい立場に置かれることになってしまいました。

選択結果

中策

自宅、アパート、預貯金を三等分することになった結果、芽衣さんは、小規模宅地等の特例を適用することができ、その大部分の税金を節税することができた。しかし、自宅やアパートを共有することで、相続を経るごとに権利関係が複雑になる可能性があるので注意。

方法3 お金に換えて分ける

兄弟3人で、母親の遺産を分割する打ち合わせを行いました。

芽衣さんはその席で、母の介護がどれだけ大変だったのかを、涙ながらに話しました。兄も弟も、介護をまったく手伝っていなかったので、何も言えませんでした。

芽衣さんは、「遺言書はないけれど、母親から自宅を引き継げと言われた」と主張しました。兄は、母親から地方にあるアパートの管理を任されていたので、アパートの所有権を主張します。これに対し、「自分にはまともに入ってこないのでは……」と不安になった弟が異論を挟みます。

結局、なかなか折り合いがつきません。とはいえ、相続財産が課税対象になるため、このまま節税対策を取らずに放置しておけば、550万円以上の相続税が課税されてしまいます。そこで、芽衣さんは妥協して「兄弟で遺産を三等分しよう」と提案しました。それぞれの遺産から相続税を納税すれば、何も問題は起きないと考えたのです。

しかし、母親が残してくれた遺産は不動産が中心。売却して現金化しなければ分けようがありませんし、現金がなければ、相続税も支払えません。

そこで芽衣さんは実家を売却するべく、不動産の実勢価格を調べることにしました。すると、自宅は下町の住宅密集地にあり、**接道義務**を果たしていない上に周囲が家屋に囲まれている**旗竿地**。**再建築不可物件**となるため、実勢価格は3000万円前後。不動産会社からも「買い手はなかなかつかないでしょう」と言われてしまいました。

一方、地方にあるアパートも築年数がかなり経過していて、ボロボロの状態。実勢価格は700万円前後とのことでした。売りに出していますが、地方のためなかなか買い手が見つからず、遺産分割もできない状態にあります。売却できなければ相続税も払えないため、やむなく相続税納付の延納手続きをとりました。延納期間中は利子税がかかるため、期間が長くなればなるほど、多くの税金を払わないといけません。芽衣さんのみならず、兄弟も不動産が売れるのを今か今かと待ち続けています。

選択結果

下策

遺産を三等分することで、相続税が502万円課税される。納税資金は不動産を売却したお金で考えており、税金を延納することにした。

ケース4のまとめ

被相続人である親が認知症になってしまった後の相続のケースは、それこそ“争続”になる可能性が高いと言えます。その最も大きな理由は、認知症になった後に、遺言について意思を表明したり、書かれたりした遺言書が無効になりやすいということです。認知症は、発症してから進行が急激に進む病気です。昨日まで認知症とは無関係で過ごしていたのに、重い認知症にかかってしまうケースも少なくないのです。

認知症になってしまえば、当然遺言書の話もできません。兄弟仲が悪い状態だと相続で争いが起こることは必定です。だからこそ、認知症になる前に相続のことを家族の間で話しておくとか、遺言書を残すなどをして対処をしておくことが大切です。

裁判所で後見人を選出する成年後見制度で遺産分割をするための準備を整えるという方法もありますが、手続きが大変なこともあります。

内閣府の統計によると、2025年には5人に1人が認知症に罹患するとも言われています。早めの対策が急務です。

メモ欄

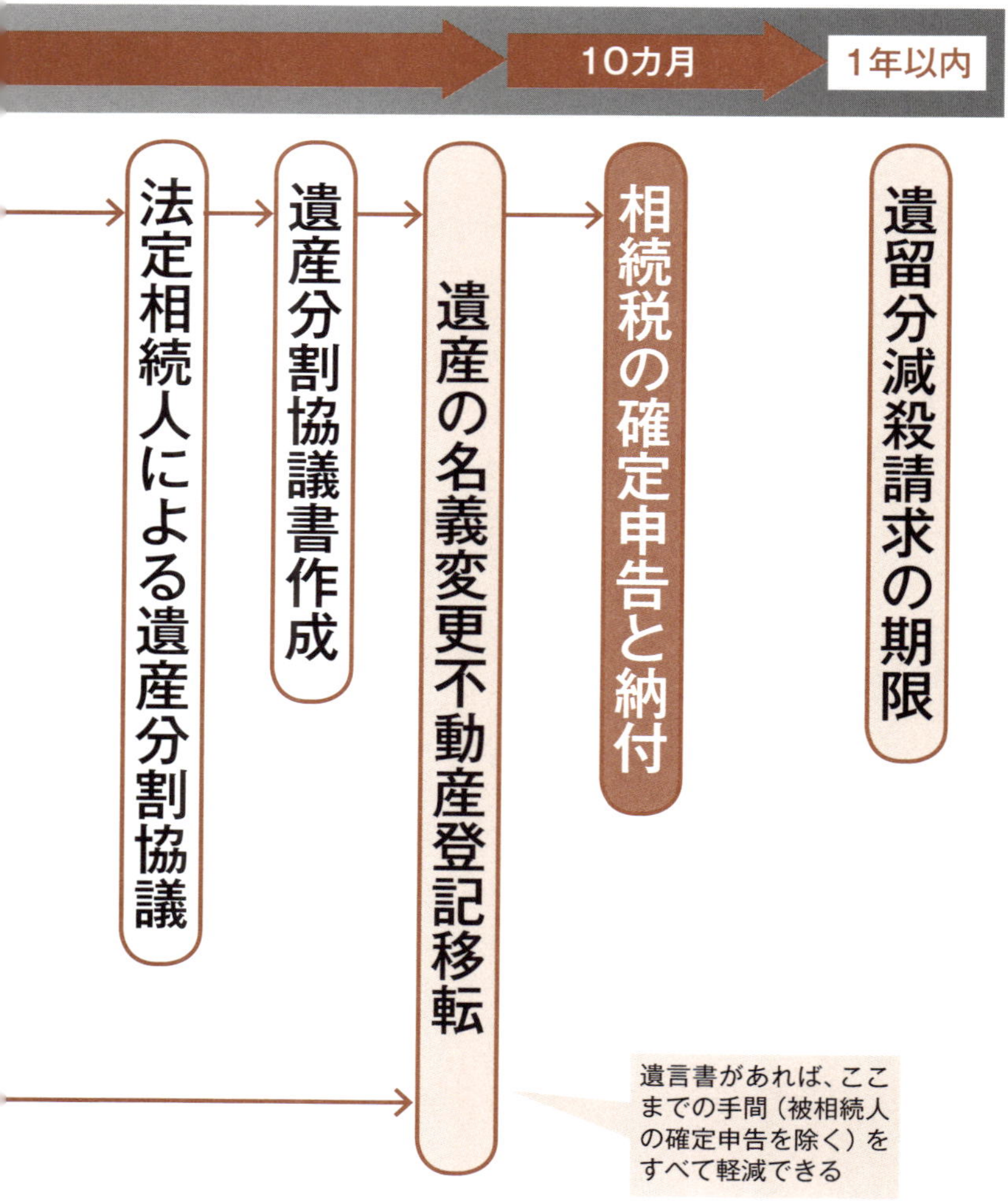
10カ月
1年以内
法定相続人による遺産分割協議
遺産分割協議書作成
遺産の名義変更不動産登記移転
相続税の確定申告と納付
遺留分減殺請求の期限
遺言書があれば、ここまでの手間（被相続人の確定申告を除く）をすべて軽減できる

相続フローチャート

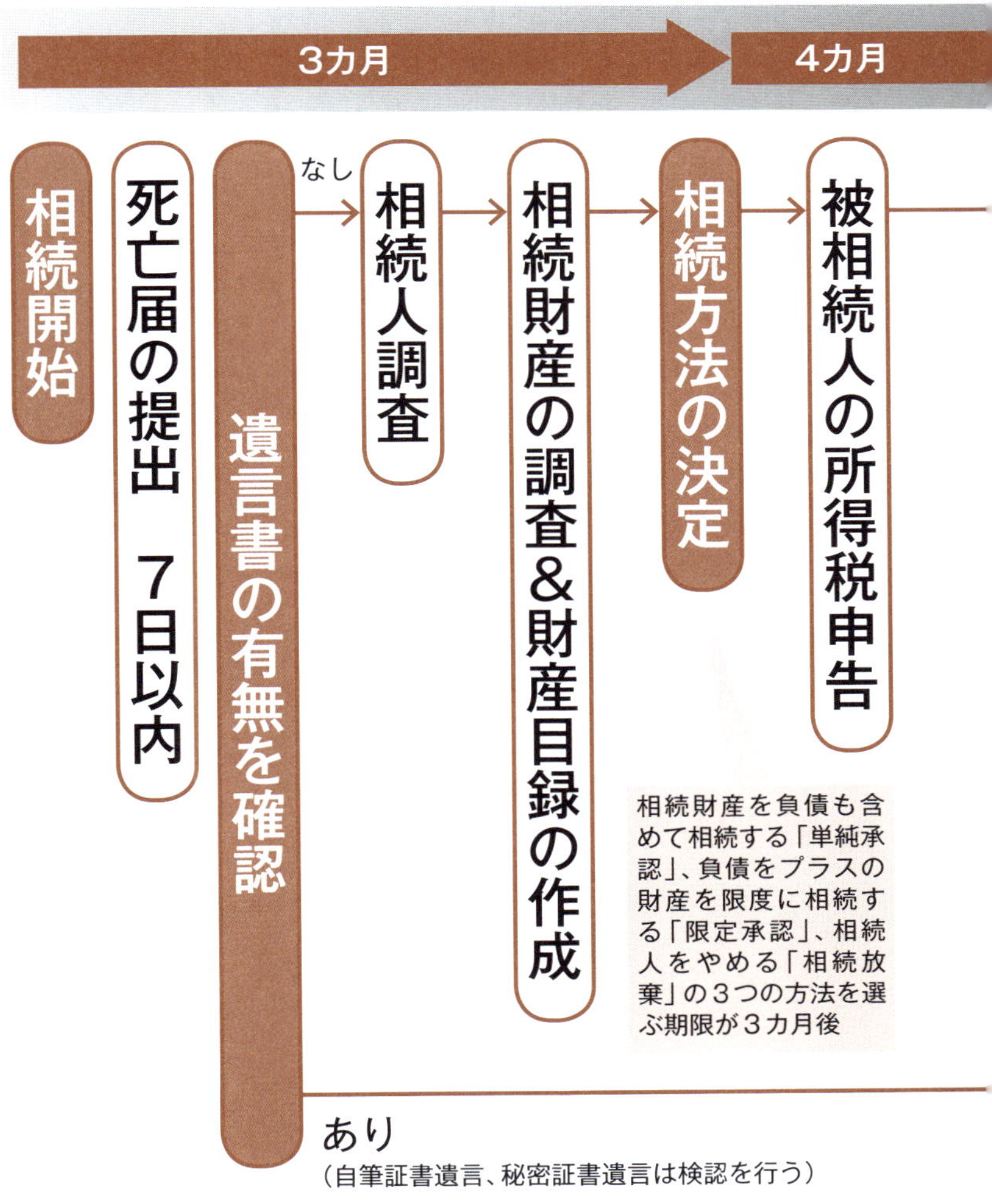
3カ月
4カ月
相続開始
死亡届の提出 7日以内
遺言書の有無を確認
なし
相続人調査
相続財産の調査&財産目録の作成
相続方法の決定
被相続人の所得税申告
相続財産を負債も含めて相続する「単純承認」、負債をプラスの財産を限度に相続する「限定承認」、相続人をやめる「相続放棄」の3つの方法を選ぶ期限が3カ月後
あり
（自筆証書遺言、秘密証書遺言は検認を行う）

相続税速算表

相続税の税率と控除額		
課税遺産×各相続人の法定相続分	税率	控除額
1,000万円以下	10%	—
3,000万円以下	15%	50万円
5,000万円以下	20%	200万円
1億円以下	30%	700万円
2億円以下	40%	1,700万円
3億円以下	45%	2,700万円
6億円以下	50%	4,200万円
6億円超	55%	7,200万円

相続税額早見表

単位：万円

相続税額早見表								
課税価格	配偶者がいる場合				配偶者がいない場合			
	子1人	子2人	子3人	子4人	子1人	子2人	子3人	子4人
5000万円	40	10	0	0	160	80	20	0
1億円	385	315	263	225	1,220	770	630	490
2億円	1,670	1,350	1,218	1,125	4,860	3,340	2,460	2,120
3億円	3,460	2,860	2,540	2,350	9,180	6,920	5,460	4,580
4億円	4,560	4,610	4,155	3,850	14,000	10,920	8,980	7,580
5億円	7,605	6,555	5,963	5,500	19,000	15,210	12,980	11,040
6億円	9,850	8,680	7,838	7,375	24,000	19,710	16,980	15,040
7億円	12,250	10,870	9,885	9,300	29,320	24,500	21,240	19,040
8億円	14,750	13,120	12,135	11,300	34,820	29,500	25,740	23,040
9億円	17,250	15,435	14,385	13,400	40,320	34,500	30,240	27,270
10億円	19,750	17,810	16,615	15,650	45,820	39,500	35,000	31,770
20億円	46,645	43,440	41,183	39,500	100,820	93,290	85,760	80,500
30億円	74,145	70,380	67,433	65,175	155,820	148,290	140,760	133,230

贈与税速算表（平成27年1月1日から）

課税価格（基礎控除後）	20歳以上の子・孫が受贈した場合		一般税率	
	税率	控除額	税率	控除額
200万円以下	10%	なし	10%	なし
200万円超　300万円以下	15%	10万円	15%	10万円
300万円超　400万円以下			20%	25万円
400万円超　600万円以下	20%	30万円	30%	65万円
600万円超　1,000万円以下	30%	90万円	40%	125万円
1,000万円超　1,500万円以下	40%	190万円	45%	175万円
1,500万円超　3,000万円以下	45%	265万円	50%	250万円
3,000万円超　4,500万円以下	50%	415万円	55%	400万円
4,500万円超	55%	640万円		

贈与税額計算例

単位：万円

課税価格（基礎控除後）	20歳以上の子・孫が受贈した場合	一般税率
	税額	税額
200万円	20	20
300万円	35	35
400万円	50	55
600万円	90	115
1,000万円	210	275
1,500万円	410	635
3,000万円	1,085	1,250
4,500万円	1,835	2,075
1億円	4,860	5,100

ケース３

・死後認知（P169）
結婚していない男女の間に生まれた子を男性が認知しないまま死亡した場合、父子関係を成立させるための制度。死後3年以内なら認知請求訴訟を提起できる。

ケース４

・接道義務（P185）
建築基準法第43条の規定により、建築物の敷地が、道路に2メートル（ないし3メートル）以上接しなければならないとする義務

・旗竿地（P185）
旗竿のように間口が狭く、奥が広い形状になっている土地のこと。評価は整形地と比べて低い。

・再建築不可物件（P185）
法律上、現在ある建物を壊して新たな建築ができない物件のこと。

・不動産所有会社（P144）

不動産を所有する法人のこと。日本の税制の方向性として法人税は減税に、所得税は増税の流れがあるため、法人化、つまり個人で所有する場合よりも法人で所有した方がトータルでの節税効果があるとされる。

・自筆証書遺言（P145）

自筆証書遺言とは、全文を自分で書く遺言のこと（民法968）。自筆証書遺言は費用もかからず、いつでも書けるなど手軽に作成できるため、数多く利用されているが、民法で定められたとおりに作成をしないと、遺言として認められない。

・検認（P145）

家庭裁判所が、偽造・変造・隠匿を防ぐため、遺言書の存在および形式について調査する手続。

ケース２

・換価分割（P159）

全ての相続財産を現金化し、各相続人に分けること。

・類似業種比準価額（P126）
取引相場のない株式評価方法の原則的評価方法のひとつで、事業内容が類似する上場企業の株価を基にし、評価しようとする自社の１株当たりの配当金額、利益金額、純資産価額の3要素（比準要素）を比較することで株価を算定する方法。

・純資産価額（P126）
評価会社の課税時期における資産から負債及び、評価差額に対する法人税額等相当額を控除して評価額を求める方式。

・含み損（P127）
実際の価格が減っているのに会計帳簿上には、現れない損失のこと。

・事業承継（P130）
会社の経営を後継者に引き継ぐこと。

・M&A（P134）
merger and acquisition（合併と買収）の略のこと。

STORY ❹

ケース１

・事業会社（P144）
一般に、金融以外の事業を営む会社。

・株式譲渡益（P115）
株式を売却した時に得られる利益のこと。

・相続税の納税猶予制度（P117）
非上場会社の後継者が現経営者から自社株式を贈与あるいは相続・遺贈によって取得した場合、一定の条件を満たして所定の手続きを行うと、贈与税・相続税の納税が猶予される制度。平成30年の税制改正により、要件が緩和され、使いやすくなった。

・延納手続き（P117）
相続税は現金で一括納税するのが原則だが、納税が困難な場合には延納という納税方法を所轄税務署に申請できる。ただし、一定の要件を満たした場合にのみ認められる。

ケース２

・自社株対策（P124）
未上場株式の評価額を下げることなどにより、事業承継をしやすくすること。

・議決権株式（P124）
議決権とは、株主の権利として、会社の経営方針などに対して決議できる権利のこと。

・認定課税（P102）

法人税では、法人が、権利金慣行のある土地を権利金を支払わず借受けて、自社ビルを建築したような場合には、地主から権利金相当額の贈与を受けたものとして課税が行われることになっている。これが借地権の認定課税であり、認定課税を受けないためには、「相当の地代」を支払うか、地主と借地人が連名で「土地の無償返還に関する届出書」を所轄税務署長に提出する必要がある。

STORY ❸

ケース1

・相続時精算課税制度（P111）

60歳以上の親または祖父母が20歳以上の子または孫に生前贈与を行った場合、贈与ではなく相続の前倒しとして選択できる制度。特別控除額の2500万円まで贈与税が非課税となり、これを超えた部分については、一律20パーセントの税率が適用される。親又は祖父母が死亡した際は、同制度の適用分とその他の遺産を合算して相続税を精算する。

・実勢価格（P113）

実際の取引が成立する価格のこと。 不動産の時価のことで、売り手と買い手の間で需要と供給が釣り合う価格をいう。取引が行われた場合には、その取引金額が実勢価格になり、取引がない場合には、周辺の取引事例や公的データ(公示価格、固定資産税評価額、路線価など)から推定する。

・役員報酬（P101）

取締役や監査役といった役員に対して支給される報酬のこと。役員報酬には税務上のルールが設けられており、役員報酬で損金にできるものは次のようなものに限られている。また、職務に照らして不当に高いものも認められない。

1.定期同額給与（原則として、一年間、毎月一定額を支給しているもの）

2.事前確定届出給与（あらかじめ、所定の時期に一定額を支給するものとして税務署に届出しているもの）

3.利益連動給与（有価証券報告書に記載される指標などをもとに算定され、支給されるもの）

・底地権（P102）

借地権者が地主から土地を貸り、建物を建てて住んでいる場合において「地主が土地を貸している権利」のこと。

・土地の無償返還に関する届出書（P102）

法人が借地権の設定などにより他人に土地を使用させ、その借地権の設定等に係る契約書において将来借地人などがその土地を無償で返還することが定められている場合に、これを届け出る手続。この届出を行っている場合には、権利金の認定課税は行われない。なお、この届出者は、土地所有者が個人である場合であっても、提出することができる。

・短期譲渡所得（P97）

土地や建物を売ったときの譲渡所得は、所有期間によって長期譲渡所得と短期譲渡所得の二つに区分し、税金の計算も別々に行う。短期譲渡所得とは譲渡した年の1月1日において所有期間が5年以下のもの。

・長期譲渡所得（P97）

長期譲渡所得とは譲渡した年の1月1日において所有期間が5年を超えるもの。

・みなし譲渡（P98）

個人が法人に対して資産を贈与または遺贈した場合、もしくは低額譲渡した場合には、時価で譲渡したものとみなして譲渡所得の計算をする。また、個人から資産の贈与、遺贈又は低額譲渡を受けた法人は、時価と譲受価額との差額について受贈益として法人税が課される。

・帳簿価格（簿価）（P100）

会計帳簿に記載された価格のこと。不動産などの価格が変動する資産では会計帳簿に記載される価格と取引される時価では価格の違いがある。

・譲渡所得税（P101）

不動産の譲渡益に対して課税される税金のこと。

ケース２

・サブリース契約（P81）

不動産会社が所有者の物件を借り、所有者の代理として物件を貸し付ける契約のこと。オーナーの代理として不動産会社が経営するため、空室対策の切り札として注目されているが、コスト面では想定家賃の10%から15%以上が相場。さらに空室が続けば、不動産会社から家賃の減額を求められたりして賃貸経営の足かせになるケースも多い。

・等価交換（P84）

等しい価値を有するものを相互に交換すること。 特に、地主が土地を、開発者が建設資金を出資し、完成後の土地と建物を出資比率に応じて取得する開発方式をいう。

ケース３

・所有不動産の法人（P92）

所有権を法人に移転することで、その収入の大部分を法人の売り上げに計上することができる。法人の税率は個人の税率よりも低いため、節税効果が高い。

・借家権割合（P66）

借家権割合とは、建物の借家権の割合のことで、相続税の計算をする場合の借家権割合は、国税庁が公示する財産評価基本通達によって、一律30パーセントと決められている。

・路線価（P68）

市街地的形態を形成する地域の路線（不特定多数が通行する道路）に面する宅地の、1m2当たりの評価額のこと。

・公示価格（P68）

土地の公示地価のこと。国土交通省が全国に定めた地点（標準地）を対象として毎年1月1日時点の価格を公示するもの。2017年では標準地は2万6000地点が対象になっている。

・インバウンド需要（P69）

日本を訪れる外国人による需要を「インバウンド需要」や「インバウンド消費」と呼ぶ。

・使用貸借（P73）

当事者の一方（借主）が無償で使用および収益を得た後に返還することを約束し、相手方（貸主）からある物を受け取る契約。

・順位者（＝相続人）（P58）

第一順位の相続人：被相続人に子がある場合、子と配偶者が相続人となる。ただし、子が被相続人より先に亡くなっている場合、直系卑属（孫・ひ孫等）が相続人となる（＝代襲相続）。
第二順位の相続人：被相続人に子およびその直系卑属がない場合、直系尊属（父母・祖父母等）と配偶者が相続人となる。
第三順位の相続人：被相続人に子およびその直系卑属がなく、直系尊属も死亡している場合、兄弟姉妹と配偶者が相続人となる。ただし、兄弟姉妹が被相続人より先に亡くなっている場合は、その者の子（甥・姪）が相続人となる（＝代襲相続）。

STORY ❷

ケース１

・貸家建付地（P66）

貸家建付地とは、貸家の目的とされている宅地、すなわち、所有する土地に建築した家屋を他に貸し付けている場合の、その土地のこと。

・借地権割合（P66）

国税庁の発表する路線価図で、30～90％まで定められている。借地権とは、建物の所有を目的とする地上権または土地の賃借権のこと。

・遺産分割協議（P44）

相続人全員で被相続人（亡くなった人）の遺産の分け方を決める話し合いのこと。

・配偶者控除（P45）

相続税の場合、法定相続分以内であれば課税されないほか、法定相続分を超えても１億６０００万円までは課税されない。

・贈与（P46）

当事者（贈与者）の一方が、自己の財産を無償で相手方（受贈者）に与えることを内容とする契約。

・暦年贈与（P46）

贈与税の課税の方法の一つで、毎年贈与された金額を算出し、110万円以下なら非課税、110万円を超えていたら課税するという制度。

ケース４

・養子縁組（P56）

血縁関係と無関係に親子関係を発生させる法律行為のこと。

・法定相続人（P56）

民法で定められた相続人のこと。被相続人の配偶者は常に相続人となる。

・基礎控除額（P34）

相続税の基礎控除額とは、被相続人が遺した全財産（相続財産）のうち、この額までなら相続税はかからない、という非課税枠のこと。

ケース３

・遺贈（P42）

遺言である人に財産を与えること。遺贈される人を受遺者という。

・代襲相続（P43）

相続人になる子どもが相続の時に死亡している場合や一定の理由で相続人になれない場合は、相続人の子ども（被相続人の孫）が親に代わって相続をすること。

・相続税額の二割加算（P43）

相続、遺贈や相続時精算課税に係る贈与によって財産を取得した人が、被相続人の一親等の血族（代襲相続人となった孫（直系卑属）を含む）および配偶者以外の人である場合には、その人の相続税額にその相続税額の2割に相当する金額が加算される。

・小規模宅地の特例（P43）

→「特定居住用宅地等の特例」参照

・遺留分（P21）
被相続人の兄弟姉妹以外の相続人には、相続開始とともに相続財産の一定割合を取得できる権利（遺留分権）が認められている。

・遺留分減殺請求（P21）
遺留分を侵害されている相続人が、遺留分を侵害している受遺者や受贈者に対し、その侵害額を請求すること。

・法定相続分（P23）
民法で「このように財産を分けるのが一番よい」と決めている分け方で、相続税額を求めるときや、相続人同士の話し合いで合意至らない場合の法律上の目安となる。

ケース２

・相続放棄（P30）
相続人が相続をする権利を放棄すること。これにより、相続人でなかったものとみなされる。手続きには家庭裁判所に相続放棄の申述書を提出する。

・共有持分（P32）
複数の人が一つの物を共同で所有している時、それぞれの人がその物について持っている所有権の割合。

STORY ❶

ケース1

・相続税評価（P16）

相続税の税額を計算する元になる相続財産の価格のこと。評価方法は国税庁が出している財産評価基本通達によって評価をすることが決められている。

・特定居住用宅地等の特例（P16）

「特定居住用宅地等」とは、小規模宅地などの特例の一つで、被相続人が居住していた家屋の敷地について、一定額の減額をしてもよいという特例。「宅地」に「等」がついているのは、宅地だけでなく、宅地の上に存する権利（借地権など）も含まれるため。特定居住用宅地等の減額割合は、330㎡まで80%となる。

・代償金（P18）

他の相続人に対して支払う、相続分を超える部分の対価のこと。

・公正証書遺言（P20）

公証役場で公証人に作成してもらう遺言のこと。

・公証役場（P20）

公正証書の作成や、私文書の認定、確定日付の付与などを行う官公庁。所管は法務局で、公証人が執務している。

用語集

著者紹介

田中 誠（たなか・まこと）

税理士法人エクラコンサルティング代表税理士

横浜国立大学経営学部卒業後、株式会社タクトコンサルティング入社。

2011年、税理士法人エクラコンサルティング/株式会社エクラコンサルティングを設立。税理士法人タクトコンサルティングで20年にわたり、全国の税理士・会計士との共同案件を実践してきた経験を生かし、現在も相続・譲渡・交換・事業承継・土地活用・M&Aなどに関する実務及び企画、研究、講演、執筆で日本全国で精力的に行っている。

著書に『お金持ちのための最強の相続』（実務教育出版）がある。第二弾となる本書では、年々多様化する相続模様を、著者の実際のコンサルティング経験をもとにストーリー形式でわかりやすく解説している。

エクラコンサルティングホームページ
http://www.eclat-c.com

お金持ちのための
モメる相続 モメない相続

2018年4月10日　初版第1刷発行

著　者　田中　誠
発行者　小山　隆之
発行所　株式会社実務教育出版
163-8671　東京都新宿区新宿1-1-12
http://www.jitsumu.co.jp
電話　03-3355-1812（編集）　03-3355-1951（販売）
振替　00160-0-78270

執筆協力　保坂久子（エクラコンサルティング）
企画協力　樺木宏（プレスコンサルティング）
編集協力　宇治川裕
装　　丁　藤塚尚子（e to kumi）
D　T　P　株式会社マイセンス
イラスト　中島直子
編　　集　小谷俊介（実務教育出版）

印刷所／文化カラー印刷　製本所／東京美術紙工

ISBN978-4-7889-1467-4　C2076

読者限定無料プレゼント！

本書では書ききれなかった
以下の内容のPDFを
期間限定でダウンロードできます。

本文中
各ケースの
相続税計算例（PDF）

＋

相続税に関する無料メール相談
（期間限定・毎月先着30名様）

以下のアドレスからアクセスしてください。

税理士法人 エクラコンサルティング
http://www.eclat-c.com/momenaisouzoku/
PASSWORD:momenai